「こういう話が聞きたかった!」という

家を建てる人の参考書

シー・エフ・ネッツ　シニアコンサルタント
猪俣　淳 CPM® 著

住宅新報社

はじめに

この本は、一級建築士、ファイナンシャル・プランナー、そしてＣＰＭ（米国認定不動産経営管理士）ほか、不動産と建築とお金に関わる24の資格それぞれの立場から見て、マイホームを建てようとする皆さんがどうすれば失敗を避け、後悔をしないようにできるか？という視点に立って書かれた、いわばマニュアル本です。

一般的に建築の話となると、「物理的な構造や間取りに関しての話」と「融資や返済に関しての話」の二つに大きくわけられます。もちろんこの本でも十分にページを割いて取り扱っていきますが、さらにもう二つ。本来、重視すべきなのにあまり検討されることがなく、建築の本でもまず取り上げられることのない「そもそも論」と、「損得勘定」についてです。

一級建築士は、住宅のみならずあらゆる建築物の設計に関わります。そのため、建築基準法をはじめとした法律、土地形状や面積といった物理的な問題、部材や仕様・工法、実行予算といった様々な制約をありとあらゆる側面から検討し乗り越え、発注者のニーズ・ウォンツを最大限実現させていくことを求められます。

一方で、ファイナンシャル・プランナー（ＦＰ）は、収入と支出のバランス・家族構成の変化など

お金にまつわる人生計画を立てる専門家であり、

１「ライフプランニングと資金計画」、２「リスク管理」、３「金融資産運用」、４「タックスプランニング」、５「不動産」、６「相続・事業継承」の６つの分野で的確なアドバイスをすることを求められます。

ＣＰＭ（サーティファイド・プロパティー・マネージャー＝不動産経営管理士）は、アパート・マンション・ビル・商業施設などあらゆる収益物件の運用を任され、物件の管理だけではなく、オーナーの目標・目的を実現させるために「不動産価値の最大化」「収益構造の最適化」をはかることをミッションとします。

あなたが建てようとしている建物が「マイホーム」であれば、おそらく好き嫌いや満足感あるいは安心感といった部分にフォーカスされているのではないでしょうか。

それが自分自身のライフプラン（人生計画）にとってどういった意味付けになるかという視点でＦＰは住宅建築を捉えます。子育てや老後といった長い年月のなかでの家計の負担や保険的役割といった部分にもスポットを当てることは、他の要素以上に重要なことであるともいえます。

自分や家族がより良い人生を過ごすためのマイホーム建築なのに、その事自体が目的になってしてしまうことがよくあります。必要以上に背伸びをしてムリすると、せっかく手に入れた住まいを手放すことにもなりかねません。

そこまでいかなくても、せっかく家族仲良く過ごす時間のためにと思って建てたマイホームが、無理な予算計画でパートや残業の増加を強いるものになってしまい、結果的に家族との時間を奪うといった皮肉な結果をもたらしてしまうことも少なくありません。家のために本当に必要なことを犠牲にすることになってしまうのであれば本末転倒です。

また、皆さんがアパートやマンションあるいは併用住宅といった、人に貸して収入を得るための建物を建てようと思ったら、「お金」との関わり合いはよりシビアに考える必要があるでしょう。賃貸用建物の場合は事業としてとらえる必要がありますから、収支計算やコスト管理に加えて、長期にわたり消費者である入居者に支持され続ける商品力をもった企画といった側面も、事業の成否を決める重要な要素となります。

「アパート経営？　自分には関係ないや」と思った方。

マイホームを建てたり買ったりという選択肢以外に、別の「もっといい」あるいは「そちらでなければマズかった」という選択肢は本当に無いと自信をもっていえますでしょうか？

自分の人生のそう遠くない未来にとっては、広い家よりも定期的な収入の方が高い優先順位をもっていたなんていうことだってあるかもしれません。

あるいは、アパート経営やマイホーム建築ではなく、賃貸住まいが一番いい選択肢の場合だってあり得ます。

他の選択肢を知ったうえであえて選ばないというのと、そもそもそんな選択肢があったということを知らずに前に進むことには、雲泥の差があります。

この本では、そういった部分にも深く踏み込みます。

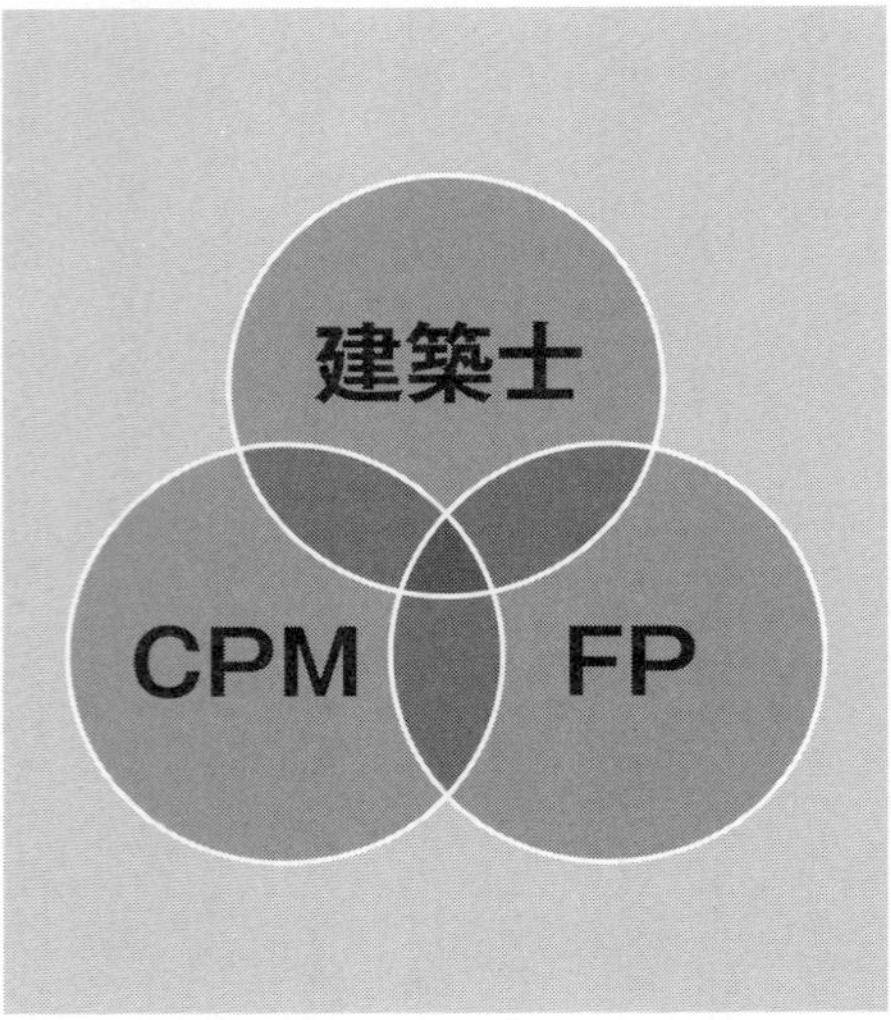

なぜ３つの視点が必要か？

- 「好き嫌い」や「満足感」だけで決めていいのか?
- 計画に無理はないか?
- 他の選択肢はないか?

- **業者都合のポジショントークや無知からでる失敗を事前に避ける!**

家を建てるときの後悔

この本を手に取っていただいた方の多くは、これから、あるいは現在進行形で自分が住むための住宅を建てるのに、少なからず何らかの不安や心配をいだいている方が多いのではないかと思います。

マイホームを建築しようと思い立ち、行動を起こすときにはこんな流れが一般的ではないでしょうか。

1. きっかけ

いろいろなきっかけがありますが、例えば……、

■子供が生まれたらベビー用品やおもちゃに着替え、こんなにモノが増えるなんて！　もうひとり弟か妹をと思ってもこの狭さじゃ無理かなぁ。

■そういえば、いま住んでいる賃貸マンションこれまで合計金額にするといくら大家さんに払っていたんだっけ？　と、ふとした拍子に電卓を叩いてしまい急にもったいなくなった。

■ホームレス高齢者や孤独死……いろいろな記事やニュースを見ていたら自分の年齢から逆算してしまい、なんだか身につまされて「持たざる老後」が心配になった。

■会社の同僚や同級生から、新居の前に家族揃って笑顔で記念撮影……の年賀状がきて、「アイツが持家？」と出遅れ感を強く感じて焦った。

■慣れ親しんだ家なので気に入ってもいるし……あれこれ直したいなとは思いつつ、そのうちそのうちと先延ばしにしているうちにはや数十年。自分自身の加齢とともに、近頃暑さ寒さが身に染みて、外よりも暑かったり寒かったりするんじゃないかとさえ思う。最近の猛暑・厳寒に至っては命の危

険さえ感じる。

■新築祝でご近所の家を見せてもらったら、いまの自分の住まいの仕様・設備・間取りとのあまりの格差に、「素敵なお宅ですねぇ」と賛辞のことばを口にしながらも少なからずジェラシーを感じてしまった。または新築自慢をしているフェイスブックの投稿に素直に「いいね」を押せない。

……これらは、すべて実際のヒアリングであった話ですが、こういった様々な不安や不満がきっかけとなったというケースは多いのではないでしょうか。

2. 最初のハードル

「あのね」、と切り出すものの、パートナーはあまり乗り気でなくてナマ返事。どうやったらこの人を説得できるんだろうと、作戦にあれこれ思いを巡らし……という悩みをよく聞きます。家族会議を開いて理詰めと多数決で一気に押し切る方もいれば、両親や子供、孫と外堀を埋めていく根回し調整型の方もいますが、それは性格や就いている職業などによって様々。もちろん、「そうだよね」と二つ返事でコンセンサスを得られるケースもありますが、いずれにしても住宅建築という一大事業は家族の協力なしに進めることは困難ですし、一人でできることは限られています。

3. 二つめのハードル

ネットでマイホーム建築の情報収集を始め、気になったハウスメーカーに資料請求して、夢がどんどん膨らみます。散歩をしていてもいままで気にも留めていなかった近所の家のかわいいデザインやおしゃれな色使いが気になるのもこのころ。

食事のときの話題はこんなキッチンだったら使いやすいとか、いまはこんな最新仕様があるとか、居間でテレビを観ているときにはあとどのくらい広かったら何インチのテレビが置けるとか、寝室では枕元で照明が消せたらいいよねとか、書斎スペースがあったらそこで仕事できるねとか。

パートナーもその気になってくれているのであれば、家づくりのなかでも一、二を争う「楽しいひととき」ですがそうでなければ、そろそろ煙たがれるころでもあります。

4．三つめのハードル

パートナーの重い腰をようやくあげさせることに成功すれば、連れだって住宅展示場へ足を運ぶのがセオリーでしょう。目移りするような素敵な建物がずらっと並び、その気にさせるための仕組みがしっかりと用意されていますから、テンションが一気に上がること間違いありません。

でも、1棟目2棟目3棟目とウキウキ気分で見て回っているうちに、だんだんと展示されている豪邸群に気押されはじめ、「でも、この家いくらするんだろう」「これだけの家を建てるのに、いったいどれだけの広さの土地が必要なの？」。歩き疲れてくるのもあいまって、はたと自分の予算とのギャップに気づき、意気消沈し、だんだん現実に引き戻されて心のどこかで冷静になってきます。

5. ナイト登場

そんなとき、何棟目かのモデルハウスで穏やかな笑顔と落ち着いた物腰の、信頼できそうで、かつ熱心な営業マンと出会い意気投合。危うく失いそうだった「自己重要感」を取り戻し、いろいろと話していうるちに堅い信頼関係が結ばれ、次の休みのアポイントが決まって、見積もり・プランニング、しまいには地盤調査まで無料でやってもらうことになり……。

6. そして

だんだん断りづらくなって……契約。ある段階から、あれよあれよという間に話がとんとん拍子に進み、なんだか自分が当事者であることにピンとこないうちに流れに押し流されているような感覚を覚えながらも、まぁこんなモノなんだろうなぁと自分自身を納得させている自分がいる。

どうでしょう。思い当たる節がありませんか?

建築業界に身を置く皆さんであれば、「アルアル」と苦笑いすることかもしれませんね。営業サイドから見れば、業界全体で問合せから契約まで流れ作業的に主導権(イニシアチブ)を得る仕組みが確立しているともいえます。

もちろん、それはそれで双方納得ずくであれば何の問題もありませんが、なかなかそうもいかないのが現実です。

国土交通省「平成20年住宅総合調査」の住宅満足度に関する調査結果では、

	持家	民間賃貸住宅
今の住まいに満足している	……21％	13％
まぁ満足している	……50％	44％
多少不満がある	……25％	36％
非常に不満がある	……3％	6％
不明	……1％	1％

となっています。「満足＋まぁ満足」の合計は、持ち家71％・民間賃貸住宅57％とやはり持家に軍配があがりますが、裏を返せば、持ち家の場合でも3割近い人がなんらかの不満を持っているともいえます。

「家は三度建ててやっと満足いくものができる」とは先人の残した言葉ですが、できれば一度で満足のいくものにしたいところです。

目　次

建物の性能　92

第3編 CPM（不動産経営管理士）から見た「けんちく」の話……155

第1編

◆

一級建築士から見た「けんちく」の話

間取りの失敗

Ｎ32とかＥＷ40とかＳ38とかいった記号をどこかでご覧になったことがあると思います。これは、北側（Ｎｏｒｔｈ）玄関の32坪タイプとか、東（Ｅａｓｔ）または西側（Ｗｅｓｔ）玄関の40坪タイプとか、南（Ｓｏｕｔｈ）玄関の38坪タイプといったように、玄関の方角と延べ床面積ごとに作られた標準プランを表すのによく使われる記号です。ハウスメーカーでは、こういった標準化によってコストダウンや打合せ時間を含めた施工期間の短縮をはかることが多いといえます。

北米の住宅地などでは、まったく同じ間取り・デザインの建物がどこまでも建ち並ぶ風景を目にしますが、注文住宅の場合であっても規格化されたパターンが比較的多いのは、リセール（中古で再販）を考えた場合、個人的な好みが反映されない最大公約数的な建物の方が流動性が高く（＝売り易く）、適切なリフォームで市場価値を維持できるという合理的な考え方を表しているといえます。

日本の場合は、逆に個性を色濃く反映したいというニーズが高く、それが多くの住宅地の統一性を欠く根本的な原因にもなっています。ハウスメーカーの用意した標準的なプランは、大抵は専門家による検討が重ねられていて、工夫もあり、優れた間取りが用意されている場合がほとんどですからそれを選択するというのも良い方法の一つですが、それをそのまま受け入れることに抵抗を感じる人が多いのもまた事実でしょう。

こだわりや夢があって、「プラン集だけでは選べない」という人が、妥協してできあいの間取りを選択した場合、どんなに優れたプランであったとしても後々まで悔いが残ることになります。標準プランを選択した場合でも、建物を建築するには敷地面積に対するボリュームや隣地境界線からの距離といった様々な制限をクリアしないといけませんので、そのプランがきちんとその敷地に収まるのか？　といったことに関してはまた別問題となります。

広い敷地の真ん中にポンと間取りを当てはめるという場合はいいのですが、ぎりぎりの面積内でなんとかやりくりといったケースでは、フリープランで設計していくつもりでいた方がよいでしょう。

ここでは、自由設計でプランニングをしていくときに失敗しがちな注意点をいくつかあげます。

ドアだらけで干渉する

ドアには一般的な開き戸と引き戸（スライディングドア）があります。ドア自体の幅は標準的なもので７５０㎜、トイレなどでは６００㎜、玄関では８００~９００㎜といったサイズになりますが、開き戸の場合これがそのまま蝶番（ちょうつがい）で固定された吊元（つりもと）を中心に動くことを忘れてしまっている図面や完成建物を見ることがあります。

特に、廊下を挟んで洗面所やトイレなどが向かい合っている場合などは、それぞれのドアが干渉してしまって、開ける順番を考えないといけない、あるいは出会い頭の事故に注意しないといけないというパズルのような家になってしまうことがあります。

廊下の幅は設計図では910㎜（3尺）の位置に壁の中心線が引かれている場合が多いと思いますが、当然壁の厚さを考慮しないといけませんので、内法寸法は750～800㎜程度になるのが一般的です。ドアを開閉したときに壁になんとか当たらずに済むといったところで、廊下を挟んで向かい合ったドアが同時に廊下側に開いたら当然ぶつかります。

では、廊下側ではなく室内側に開いたらいいのでは？　ということになりますが、その場合は室内のその部分に物や家具を置いたり造作を作ったりということができなくなるということを受け入れる必要があります。部屋が広ければまだしも、そうでない場合は少なからず問題になるでしょう。室内側への開放（内開き）とした場合、ドアノブが室内のクローゼットドアにぶつかってしまうといった干渉もよくあります。

同様の問題で、トイレが狭い（1帖未満）場合にドアを内開きにすると便器とスレスレになり、利用する本人がトイレ内の狭い隙間に身を寄せないといけなくなったりします。ちょっと考えれば気が付きそうなことですが、建築士はずらっと並んだビルなどのトイレを設計するときに「一番奥のトイレブースのドアだけ外開き、あとはすべて内開き（一番奥は車いす利用を想定し、それ以外は利用した人が中から勢いよくドアを開けたときに外側にいる人にぶつけてしまわないようにという配慮が理由です）」と学ぶのでついついそういう設計にしてしまいがちです。

引き戸は、パシッと収まる開き戸にくらべると密閉性で劣りますし、アウトセット（壁の外側に沿ってレールを配置）すると壁側の厚みスペースが余計に取られ、アウトセットしないと収まり部分の壁に筋交（すじかい）などが入らず強度が取れないという欠点もありますが、適宜組み合わせながら採用するといいでしょう。

筋交とは在来工法の場合、柱と梁・土台で構成される四角形の変形を防ぐために斜めに組まれる構造材のことをいいます。最近では筋交に替えて構造用合板を使う「筋交レス工法」、あるいは柱と梁の接合部を剛構造とした「ラーメン構造」で筋交を省くケースも増えています。

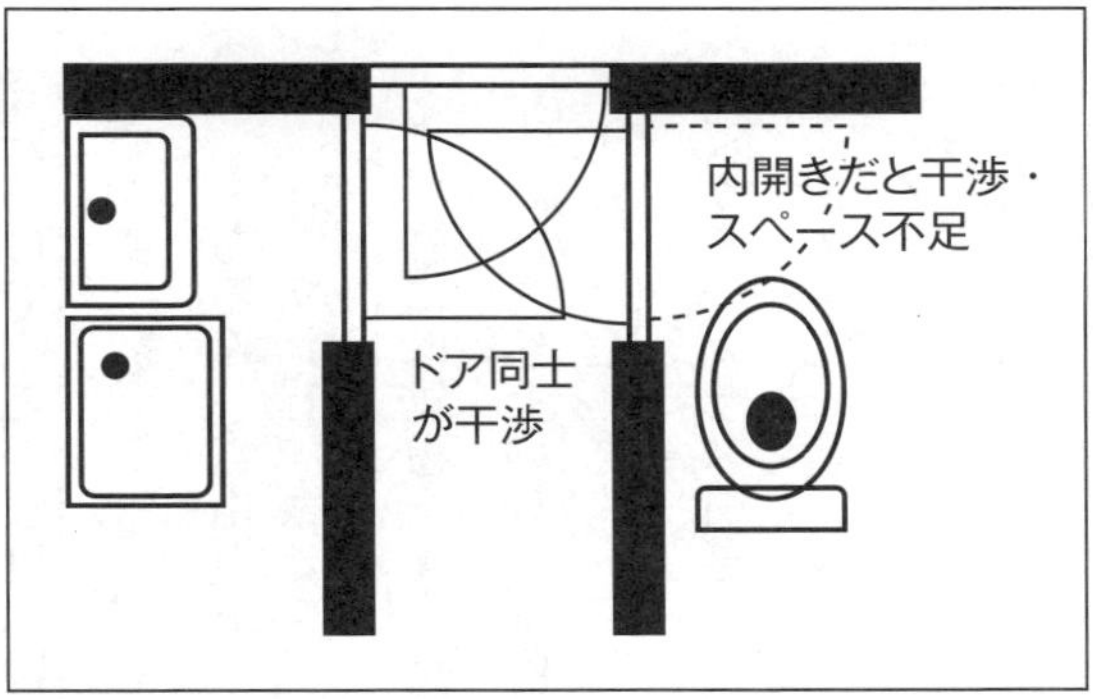
内開きだと干渉・スペース不足
ドア同士が干渉

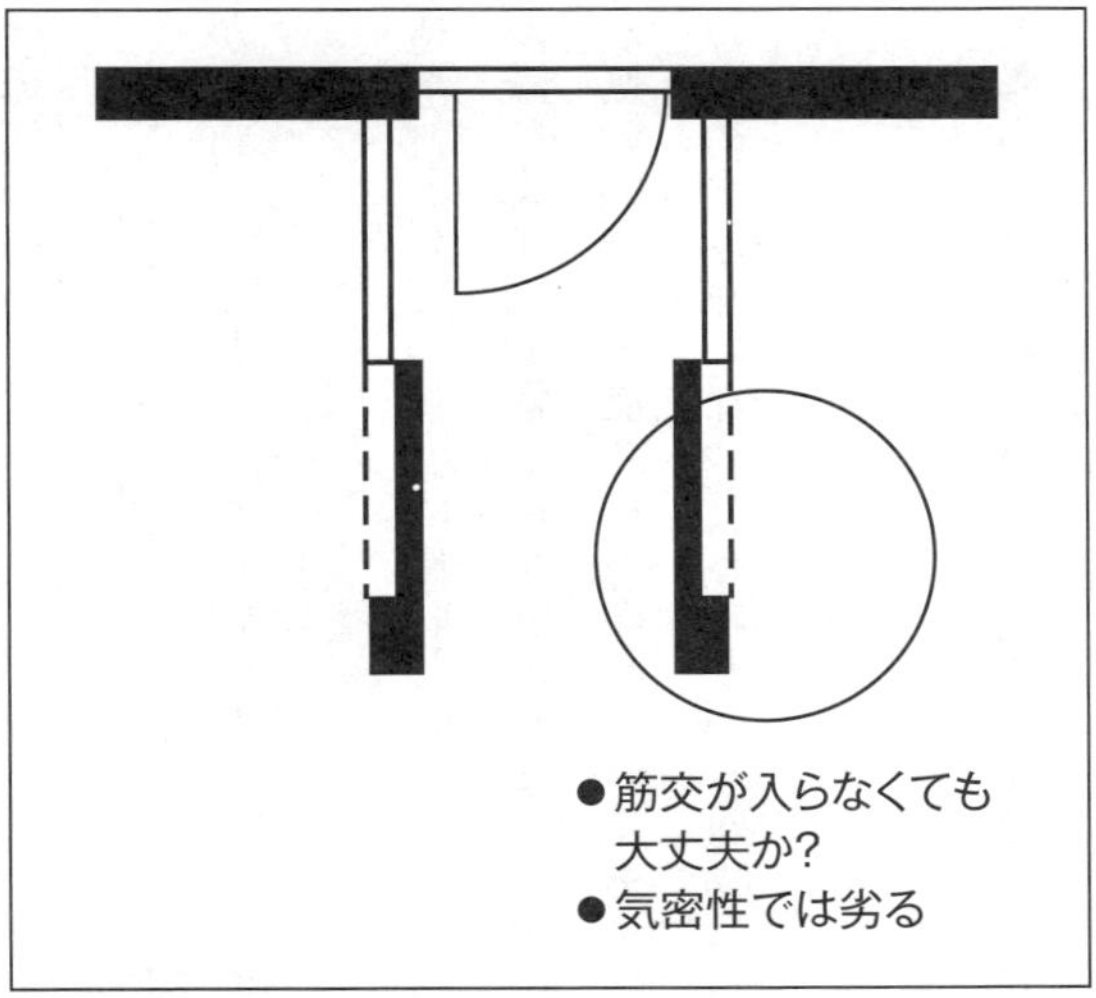
●筋交が入らなくても大丈夫か?
●気密性では劣る

窓だらけで家具が置けない・居場所が無い

「できるだけ窓をたっぷりとって明るい家にしたい」という要望をお持ちの方はとても多いと思います。もちろん、自由設計ですからいくらでもどうぞといいたいところですが、これも間取りの落とし穴になりがちです。

まず、窓には建物を支える構造部材としての強度は無いということを忘れてはいけません。窓だらけにすれば当然その分、壁の量が減りますので耐震性が低下します。地震で倒壊しないまでも、長い年数のうちに長スパン（柱や壁が無い部分の距離が長いことをいいます）の窓の上部を支える梁がたわんできて、ガラス引き戸の開け閉めが困難になってきたという建物は多いでしょう。

⑴上下階の同じ位置に揃っている壁が多く

⑵シンプルな平面・立面で

⑶窓などの開口部と壁が平面のどちらかに偏らずバランスよく配置されている。つまり平面で見た場合の重心と剛芯の間の距離が少ない

……という間取り上の配慮は、かなりの耐震性能をアップさせます

また、いまはペアガラスやペアサッシ、樹脂サッシ、Ｌｏｗ－ｅガラスといった熱伝導性の低い省エネ仕様の窓がたくさん出回り採用されるようになりましたが、それでも所詮建物外壁に比べれば断熱性能は低くなりますので、遮熱・断熱に関する住宅性能といった観点からもあまり好ましくないといえます。

そして実際に建物の中で暮らすうえでの問題としても、

⑴一定以上の割合で壁面が無いと家具を置くスペースの確保ができない（これは収納の位置やドアの位置にも共通します）

⑵ショーケースのように外から丸見えで落ち着かない

⑶温室のように暑さ寒さがダイレクトに伝わり、場合によっては命の危険さえ感じる

といったことが考えられます。

せっかく大きな窓をいっぱい作ったのに、一年のうちのほとんどをカーテンや雨戸を閉めたままという笑えない住宅も時々見かけます。

それから、窓を考えるうえで見落としがちなのは「その外側には何があるか？」ということ。景観上の問題もありますし、圧迫感や日照、プライバシーなどはそこに何があるかで大きく影響を受けます。場合によっては、覗いた・覗かれたという隣地住人との確執を生む原因になる可能性もあります。境界線から1m未満の距離にあって隣地を見通せるような窓には目隠しを付けなければいけないという法律だってあります（民法235条）。

最終的なプランを決定する前にメジャーと、場合によっては脚立などを持ち込んで現地で検討をするとよいでしょう。

平面図・配置図やパースで検討するときにも、隣地の建物を落とし込むとイメージがわきやすくな

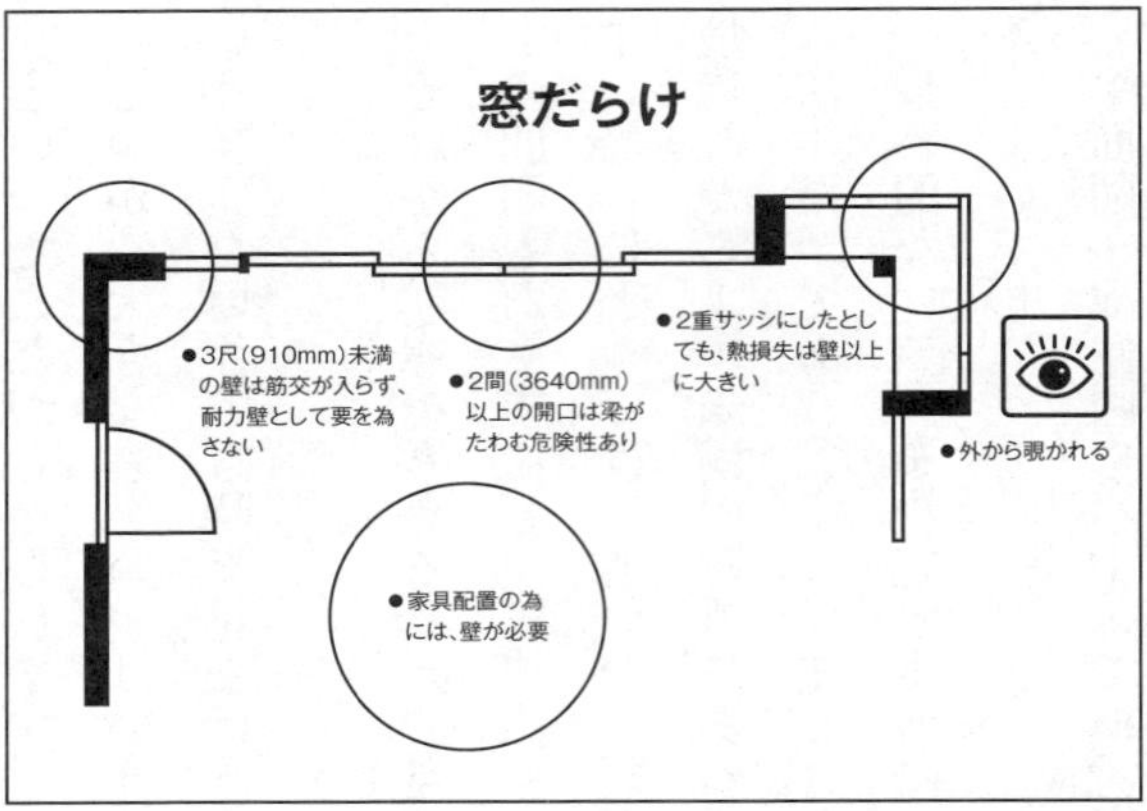
窓だらけ
●3尺(910mm)未満の壁は筋交が入らず、耐力壁として要を為さない
●2間(3640mm)以上の開口は梁がたわむ危険性あり
●2重サッシにしたとしても、熱損失は壁以上に大きい
●外から覗かれる
●家具配置の為には、壁が必要

• 壁がないと、耐震性が低くなる

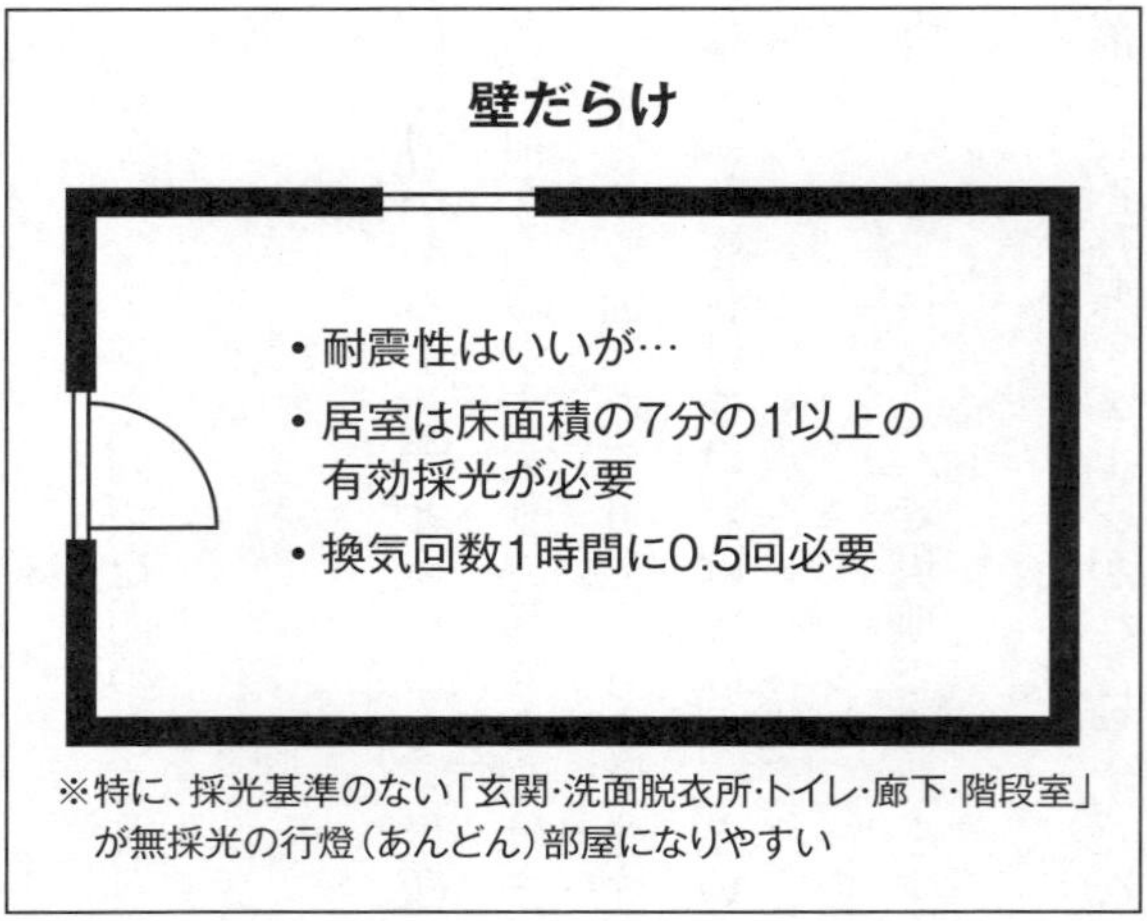
壁だらけ
• 耐震性はいいが…
• 居室は床面積の7分の1以上の有効採光が必要
• 換気回数1時間に0.5回必要
※特に、採光基準のない「玄関・洗面脱衣所・トイレ・廊下・階段室」が無採光の行燈(あんどん)部屋になりやすい

ります。

壁だらけで空気がよどむ部屋・暗い玄関

逆に、窓が少なく壁だらけの場合はその分、耐震性はアップしますが、居室として考えた場合には

問題があります。建築基準法では居室には床面積の７分の１以上の「有効」採光面積が必要と定義されていますが、それだけで実際に暮らしやすいかどうかといったこととはイコールとはいえません。十分な採光を確保することは、居住性能や快適性に直結します。開口部と壁面のバランスを考えながらプランニングをすべきでしょう。

採光をコントロールする

季節によって、日照がありがたい場合も、迷惑な場合もあります。冬場は部屋の奥まで日が届いた方が良いですし、夏場は室内への日射を避けて日影が欲しいものです。

太陽は夏場には高く（関東地方の場合夏至正午の太陽の位置は仰角78度）、冬場は低く（同冬至で30度。春秋分は54度）、また日の出から日没まで一日のうちで方角によってその高さは変わりますので窓の位置にも配慮が必要です。夏の直接の日射を避け冬には室内に陽光を取り込みたいときには、庇（ひさし）を付けたり窓先に落葉樹を植栽するといったことも有効な対策になります。

また、便所・浴室・脱衣室・洗面所・押入・納戸・廊下と同様、「居室ではない」玄関には採光の規定がありませんから、シューズボックスや収納をたっぷりとろうとして窓を作らなかった結果、昼間でも照明が必要な真っ暗な玄関になってしまったという間取りを見ることもあります。その場合はガラス面の大きい玄関ドアを使ったり、欄間（らんま＝ドア上部スペースに位置する採光窓）を付けたり、ドアの横のそで壁部分をガラスブロック等の透過性の高い材質にしたり、あるいは玄関上部に

空気の流れのコントロール

吹き抜けを作ったりということで対応することができます。

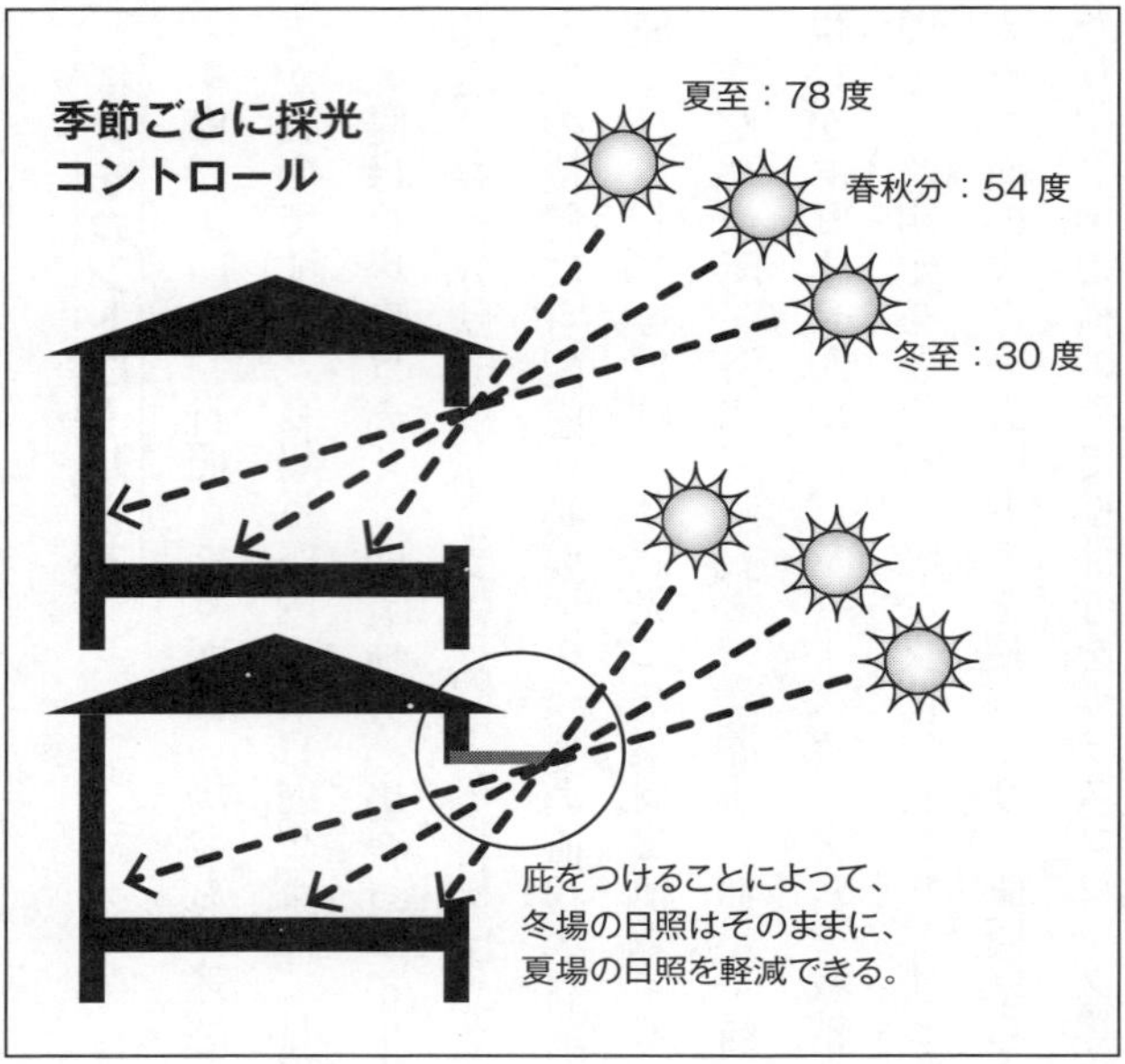
季節ごとに採光
コントロール
夏至：78度
春秋分：54度
冬至：30度
庇をつけることによって、
冬場の日照はそのままに、
夏場の日照を軽減できる。

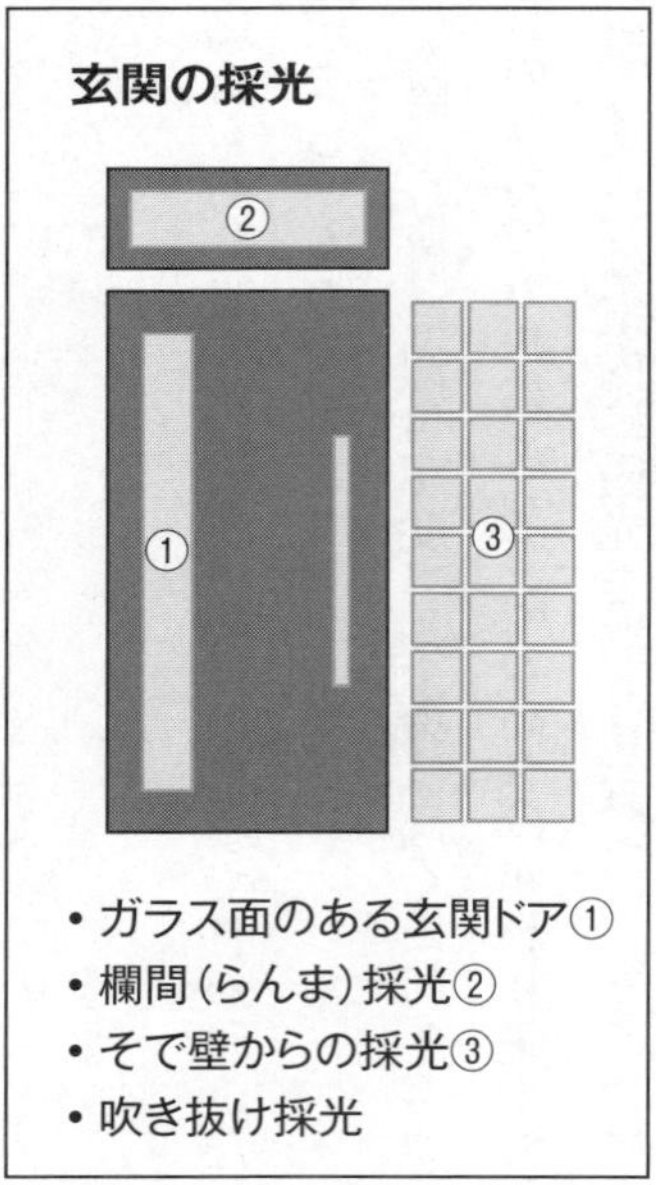
玄関の採光
②
①
③
• ガラス面のある玄関ドア①
• 欄間（らんま）採光②
• そで壁からの採光③
• 吹き抜け採光

窓先に、落葉樹を植えると、夏は木陰に、冬は日射を遮らず…となる

空気の流れを考える必要もあります。人が利用するには1時間あたりどのくらいの換気量が必要かといった計算をします（居室の場合、室内の空気が1時間に0・5回交換するというのが基準になっています）。機械換気で強制的に空気の入れ替えをするのも一つの方法ですが、間取りで風の流れをコントロールすることも可能です。

この場合、知っておくといいのは、

(1)空気は温まると上に上がり、冷えると下に下がる
(2)空気は温度が高い方から低い方へ移動する
(3)地域ごとに季節によって吹く風の方向が決まっている（卓越風）

という法則。

床面近くの窓と天井近くの窓を、向かい合わせで作ることによって、低い窓から入った涼しい風が部屋で暖められ、反対側の高い位置の窓から抜けていくという自然換気の方法は、夏の高温多湿を避けるうえで有効な対策になります。関東地方であれば、春から夏にかけて東や

N
卓越風
各地域で季節ごとに
吹く特徴的な風の向き

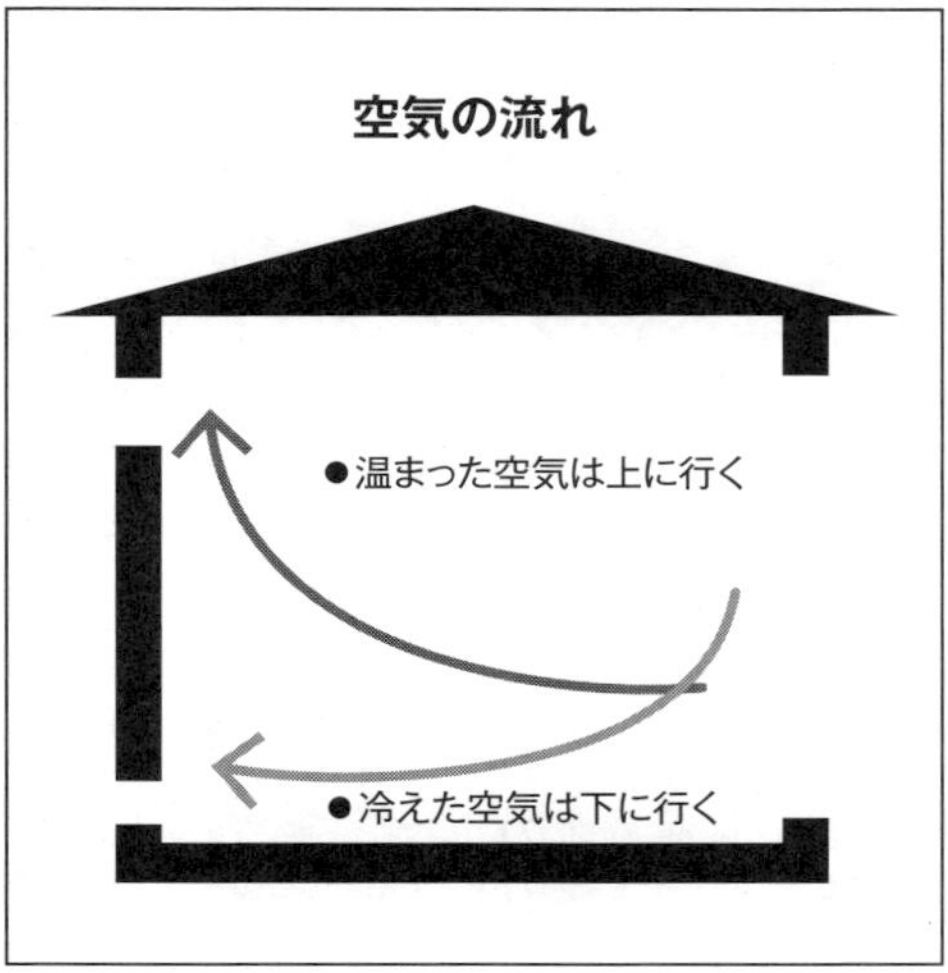
空気の流れ
●温まった空気は上に行く
●冷えた空気は下に行く

南から風が吹きますので、夏場の換気を考えればそちら側に大きな開口を取った方がよさそうです。

冬場は主に北からの風になりますから、そちら側の開口部を開けた途端に部屋中寒気に見舞われるといったことを避ける対策を講じるとよいでしょう。夏場に窓を開けると、部屋の中へ風が吹き込みますが、冬場に北側の窓を開けると、せっかく温まった部屋の空気があっという間に外に吹き出してしまいます。

玄関ホール・廊下とリビングや居室の間にきちんとドアを設けるといったことや、北国や大きなホールがある建物では風除け室（外部入口と建物の間にある前室）を設けることなども効果的です。

吉田兼好は徒然草に「家の作りようは、夏をむねとすべし」という有名な一文を書き残しました。冬はとりあえず我慢できるが、暑さは耐え難いという内容ですが、空調や生活スタイルの変化した現在でも参考になるという設計者は多いです。さらに、できれば夏も冬も快適というのを目指したいところ。

徒然草第55段には、他にも住宅建築に関するいくつかのアドバイスが書かれています。

- 窓は、蔀戸（しとみど＝上部に蝶番のある横滑り出し窓）よりも、遣戸（やりど＝引き戸）の方が室内が明るくなる。
- 庭に造作するには、深い池よりも流れのある小川の方が涼しい
- 天井が高いと、（部屋の容積が大きくなるので）冬寒く、（反射距離が遠いので）照明効率も悪い
- 用途を定めない部屋（サービスルーム？）を一つ余計に作っておくと使い勝手がいい

鎌倉時代の話ですし、あくまでも吉田兼好という一個人の意見ですが興味深いところです。

ちなみに、「家相」の良し悪しを気にする人もなかにはいらっしゃるかもしれませんが、こちらは平安時代中期に起源を発します。その多くが生活の知恵からきたものであることを知っている方は意外と少ないようです。

例えば、「北玄関は凶」。これは、先例のとおり冬場に外出先から人が帰ってくるたびにせっかく囲炉裏や火鉢で暖めた家の空気が一気に外の寒気と入れ替ってしまうことを嫌ったことからきています。

「鬼門（北東）の便所は子宝に恵まれない」。これは、冷え込む北東側に便所を作ると特に女性が冷え性になるので子供が生まれにくいというところからきています。昔のことですから、足元からスゥスゥ風の吹きこむ汲み取りの和式便所が普通だったわけで、わかるような気がします。

「裏鬼門（南西）の便所は家に病人が出る」。これは、その汲み取りの便所が夏場の長い西日を受け続ける場所にあったらバイ菌の繁殖が加速して衛生上よろしくないということです。

家相は平安期の生活の知恵

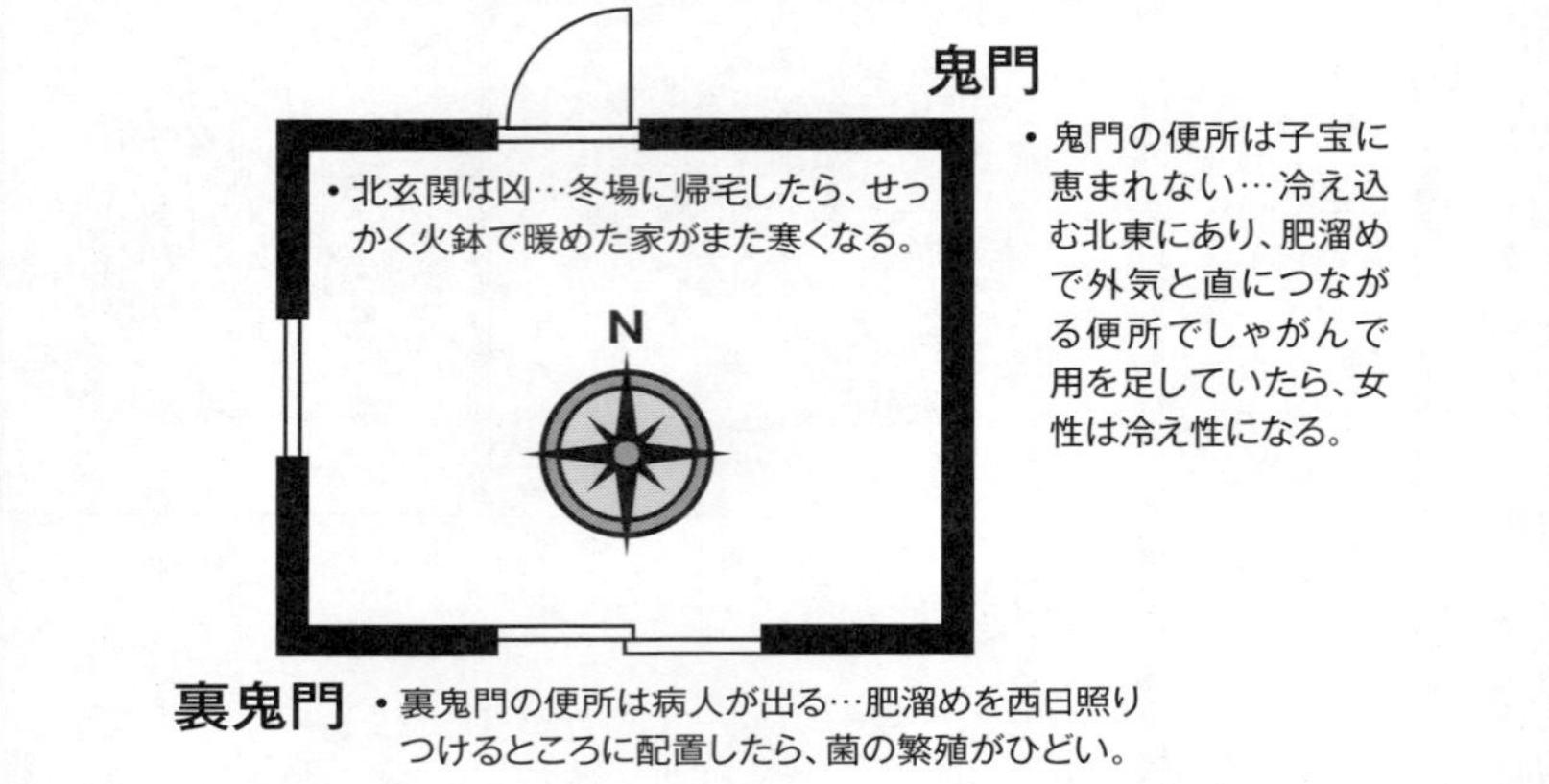
鬼門
・鬼門の便所は子宝に恵まれない…冷え込む北東にあり、肥溜めで外気と直につながる便所でしゃがんで用を足していたら、女性は冷え性になる。
・北玄関は凶…冬場に帰宅したら、せっかく火鉢で暖めた家がまた寒くなる。
N
裏鬼門
・裏鬼門の便所は病人が出る…肥溜めを西日照りつけるところに配置したら、菌の繁殖がひどい。

どれも理にかなっていますし、昔の人はエライなぁと感心しますが、現代社会に生きる我々は幸いなことに、上下水道などのインフラが整備された時代に生きていて、断熱をはじめとした家屋や住宅設備の性能も飛躍的に進歩していますので、こういった生活の知恵も形骸化しているととらえた方がいいかもしれません。

それでも、「どうしてもこだわりたい」という人もなかにはいらっしゃいますので、それは自主判断で自由にされるとよいと思います。

ただ、そういったこだわりがあると間取りのプランニングをするうえでかなりの制約が出てしまい、住みやすい間取りとはかけ離れていってしまうということになりがちですから、あとあと「失敗した」と悔やむ人も多いということだけ申し添えておきます。

以前、そのあたりに詳しいお方に聞いたところによると「家相のことはとりあえず忘れて、使いやすさを優先させた間取りの家を建て、しかるのち八方除けなどのお

そもそも鬼門とは……

半農半猟の「女真族」が労働力をさらいに、度々北東〈鬼門〉から侵入をはかったため、入口はその方向に作ってはいけないとされてきた。

札を貼って災厄を逃れる」というのが、折り合いを付けるのに一番いい方法らしいです。

余談ですが、なぜ北東が鬼門なのか？　鬼はなぜ頭に角が生えていて虎のパンツを穿いているのか？　なぜ桃太郎のお供はサルとキジとイヌなのか？　という理由をご存じでしょうか。

家相の考え方はもともと中国を起源とし、奈良時代（中国では隋・唐の時代）に日本にもたらされていますが、漢民族が暮らす中華の地の北東にはのちに清朝を建てる女真族の支配地域があり、半農半猟を生業とする彼らが農作業の奴隷として毎年のように漢民族をさらいに攻め寄せるということから、北東を凶の方角としたといわれています。

昔の中国の邑（ムラ）は版築（はんちく）という土を突き固めた工法でつくられた高い壁で囲われていましたから、その出入り口を女真族が攻め入ってくる方角に作ってはいけないというわけです。そして、北東は十二支でいえば丑寅の方角。そちらからやってくる鬼のアイコンとしては、丑の角と寅の毛皮がぴったりということです。

そして、その鬼たちを退治する日本の桃太郎は、鬼門と真逆の位置で対抗する申（サル）酉（トリ）戌（イヌ）を引き連れていくという寸法です。

収納の位置とサイズと建具

収納は一般的に床面積の10％程度の面積が必要だといわれます。30坪（約１００㎡）の建物であれば、３坪＝６帖相当ですから、間口１８２０㎜（＝１間）×奥行９１０㎜（＝３尺）の標準的な押入であれば６か所必要ということです。

間取りに収納を盛り込むときに、クローゼットであったとしてもいわゆる押入サイズの収納を想定する場合が多いと思いますが、押入は掛け布団・敷布団をたたんでしまうためのものであって、ベッドでの生活をしている家庭であればそのサイズは必要ないわけです。

ハンガーにかけた洋服、本、靴、食器と、収納するものによって使いやすいサイズというものがあります。そこの場所には、これを収納するという必然性が必ずあるはずですから、普段の生活を見直して、しまうものの寸法を測り、メモしておくとよいでしょう。

調理するときには、炊飯器とレンジはどこに置くと便利で、調味料や食材のストックはどのくらいの量を買いだめしているか、ごみ箱は燃えるごみ・不燃ごみ・包装容器・缶・ビン・ペットボトルなど地域で定められた分別をすると、いくつ必要で、いつもどこに置いていて、いつもどんな感じで「邪魔だなー」と思っているか。風呂上がりにタオルを何枚使うか、ブーツや長靴は何足あるか、掃除機は、脚立は、読み終わった新聞や雑誌は、子供に頼まれたペットボトルのキャップやベルマークは、外から帰ってきてコートや傘をどこに置いているか。

玄関からリビングに直行してパジャマに着替えてくつろぎたいお父さんであれば、リビングにクローゼットが必要かもしれません。子供さんが小さければ、ベビーカーや三輪車の置場も考えないといけないかもしれません。納戸、押入、クローゼット、シューズクローク（玄関収納）、パントリー（食品庫）、小物入れ、床下収納。入れるものと量で位置や大きさが決まります。

例えば、布団を二つにたたんでしまおうとすれば、奥行3尺（壁芯910㎜、内法790㎜）、間口1間（壁芯1820㎜、内法1700㎜）の標準的な押入でないときちんと納めることができません。間口4尺5寸（壁芯1360㎜、内法

・押入は間口1間（1820㎜）奥行3尺（910㎜）で布団をしまうサイズ
・ハンガーに掛けた洋服は奥行2尺（606㎜）で十分
・本・靴・食器であれば、奥行1尺（303㎜）で十分
・スマホ・CD・調味料など小物は更に奥行が浅くてかまわない
・玄関＋クローク（玄関収納）
・キッチン＋パントリー（食品庫）
・キッチン＋分別ごみ置場
・洗面所＋サニタリー収納
・床下点検口兼用収納はどこに配置するか
・掃除機・ベビーカーなどの収まり場所

1240㎜）にして、開き戸（引違戸にすると片方の戸を開けた時の開口が600㎜程度になってしまい出し入れに苦労します）にすると、かなり工夫しないと収納が難しくなりますし、下手にしまうと崩れた布団の山が開き戸を押しあけることがあります。

部屋の広さとそこに敷かれる布団の枚数とも関連性がありますので、それに合わせて検討する必要があることはいうまでもありません。

クローゼットであれば収納するものはハンガーに掛けた洋服が中心となると思いますが、その場合標準的な肩幅から、奥行600㎜程度確保すれば十分ということになります。クローゼット用の市販の収納ボックスもそのサイズに合わせたものが標準です。

シューズクロークであれば、靴のサイズにもよりますが、奥行300㎜、高さ150～200㎜程度の棚が確保されていればおおよその靴は収納可能です。ブーツ・長靴の場合は高さ400～500㎜程度必要ですから、可動棚にしておくとよいでしょう。また、スペース的に奥行が確保できない場合は靴を立てかけて収納する製品を使うと解決できます。

収納量はやはり、家族構成や手持ちの靴の量によりますが一般的には男性よりも女性の方が靴の保有量が多くなりますので、家族構成や嗜好に合わせることが必要です。

シューズボックスの一部をくり抜いて花瓶を置いたり、絵を掛けたり、宅配便用の認め印を置いたりできるようにする場合も多いですが、これもスペースとの関係を考えながら採用するかを決めるとよいでしょう。

また、クローク内に三輪車や折りたたんだベビーカーを置くためには足元に600～800㎜四方程度のスペースが必要ですから、棚やドアの配置も検討が必要です。

パントリーに収納されるものは乾物や食材が中心ですから、やはり奥行300㎜程度の可動棚が使いやすいと思います。これよりも深くなると奥のものが取り出しづらくなって、賞味期限切れの食品を大量に出してしまう可能性が高くなります。

棚の取付けで注意する点は、棚を支える点から点の距離（支点間距離）があまりにも長いと乗せたものの重みで棚板がたわんでしまうことです。しっかりと組んだクローゼットの棚などであれば1820㎜程度の距離をあけても大丈夫ですが、板の材質や厚みが十分でない一般的な可動棚の場合であれば450～900㎜ごとに、上から吊ったり、下から支えたりといった部材を追加するとよいでしょう。

棚を支える金具は、両脇にセットするものと逆L型で背面から支えるものがありますが、後者は金具の下部に物を置くときにじゃまになるということに気を付けてください。

鍵や認め印、スマホ、CDといった小物を置くためのスペース、あるいはトイレ周りの洗剤やロールペーパーをしまうための収納は奥行100～150㎜もあれば十分です。断熱材の入っていない室内の壁であれば、柱などの角材と角材の間のスペースをくり抜いて作るニッチ棚にしてもよいでしょう。書棚であれば150～200㎜といったところでしょうか。

床下収納は、収納ボックスを取り外すと床下点検口になるという意味合いもありますが、基本は60㎜四方。

フタの上を歩くたびにギシギシしたり、ふわふわしたり、あるいは段差に足をぶつけて痛い思いをしたりというのが嫌というのであれば、点検口をクローゼット内に設けて、床下収納を作らないのもよいと思います。

地面に近いだけあって冷気も上がりますし、湿度も高いですからしまうものも限られます。腰をかがめて重いフタを上げるのも大変ですし、床下収納にしまいこんだものは年に一度出すか出さないかということも多いでしょう。

逆に床下にしまうものが多い家庭であれば、スライド式で収納力の多い製品も用意されています。その場合、床下で床を支えている束（つか）や基礎に干渉しないかということもプランニングのときに見落とさないようにしてください。

収納を検討するうえでは、扉を付けるか付けないか、付けるとしたら片開きか観音開きか中折れ戸か引き戸かと

収納の位置とサイズと建具

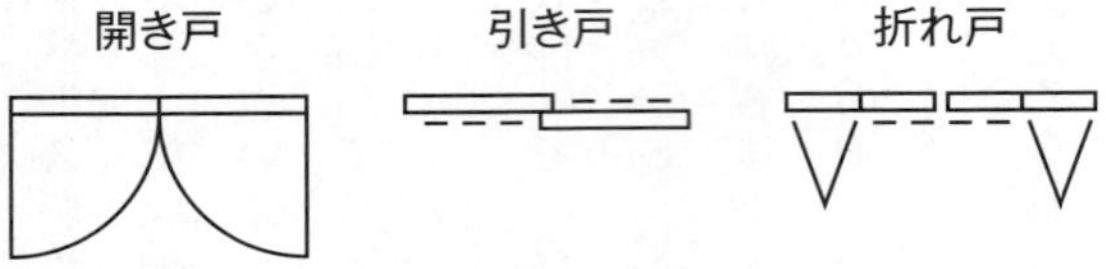

開き戸
- 中の荷物に押されて開いてしまわないか？
- 扉が開く部分のスペースに干渉しないか？

引き戸
- 中の荷物がレール（敷居）部分に引っかかってしまわないか？
- 出し入れの間口は十分に確保できるか？

折れ戸
- 中の荷物が折れ戸の部分に落ちて引っかからないか？
- 可動部が壊れないか？

いったことも決めないといけません。

「開き戸」であれば、戸が開く円弧状のスペースを確保したうえでそれがどこかに干渉しないか、「引き戸」であれば中に収納するものが戸の開け閉めの際引っかかったりしないか、「折れ戸」であれば折りたたんだ戸の部分はその分厚みを要し、開口部が狭くなりますからものの出し入れに影響が出ますし、モノによってはヒンジの部分がすぐに傷んでしまう場合だってあります。収納物が転がり出て、折れる部分に挟まると戸の開閉に支障が出ます。

そのほかにも扉の厚みや、中が見えるようにするのかしないのかといった検討も必要です。

動線が良くない

動線について考える際には、暮らし方の総点検が必要です。

朝目覚めて、トイレに行って、顔を洗って、歯を磨いて、朝刊を取りにいって、食器を出して、食材と調味料を出して、調理器具を出して、朝食の用意をして、洗って、片づけて、ごみを出して、パジャマを洗濯機に放り込んで、服を着替えて、化粧して、スマホを充電器から取りはずして、靴を履いて、出かけて――。

外から帰ってきて、靴を脱いで、手を洗って、うがいして、食器を出して、食材と調味料（とビール？）を出して、調理器具を出して、夕食の用意をして、洗って、片づけて、ごみを出して、服を脱

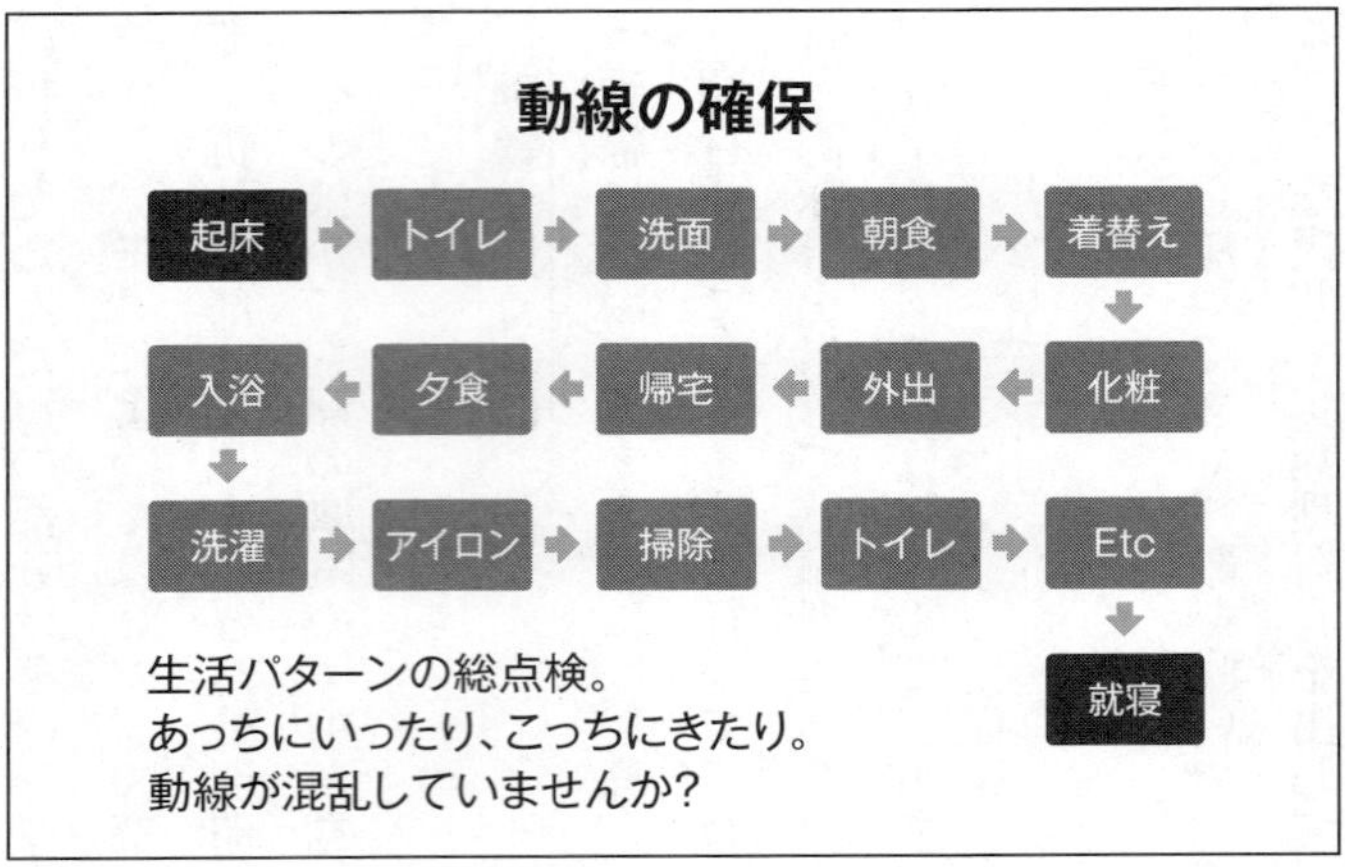

いで、洗濯機に放り込んで、風呂に入って、タオルを出して、下着をつけて、パジャマを着て、髪を乾かして、歯を磨いて、洗濯物を干して、取り込んで、アイロンをかけて、しまって、掃除機を出して、しまって——。

毎日の決まった行動パターンのなかで、あっちに行ったりこっちに行ったりしていればそれは、動線が混乱しているということです。

キッチン周りと洗濯系の作業は改善できる部分が多いですから、よく整理しておくといいでしょう。動線を改善するには、勝手口やカウンター、収納、コンセント、スイッチなどといったアイテムに留意すると有効です。

階段でアタマをぶつける

高さに関する失敗は意外と多いようです。窓が高すぎて圧迫感があったり、逆に低すぎて危険を感じたり（落下防止のために2階以上の部屋の窓やバルコニーには1100㎜の高さの手すりが必要です）。

間取りの平面図を書いているときには、立体的な要素を見落としがちになります。

居室の天井高さは一般的には2400㎜程度。2350㎜だと少し低く感じますし、2500㎜あれば高く、2600～2700㎜あればかなり高く感じるはずです。

建物全体の高さを決める要素は、地域の高さ制限のほかに、道路斜線・北側斜線制限が関係してきます。

敷地に面する道路幅が狭かったり、まわりが他の家に囲まれていたりすると、思ったような高さが取れない場合があります。その場合、室内の天井高さもそれに合わせて一般的な高さにならざるを得ないと思っておくといいでしょう。

天井の高い部屋を求める方は多いでしょう。その場合気を付けるのはそれに合わせて上階にあがる階段の段数が増えるということです。

一般的な住宅の階段のサイズは1段当たりの高さ（蹴上＝けあげ）210㎜、奥行（踏面＝ふみづら）250㎜程度です。建築基準法上は幅750㎜以上、蹴上220㎜以下、踏面210㎜以上と決められていますが、これで作ると結構な急階段になります。

途中で曲がらずに一直線で上がっていく階段は「テッポウ（鉄砲）階段」とも呼ばれますが、これで急角度だと一気に転げ落ちそうで結構危険な感じになります。

プランにもよりますが最初か最後か途中の2～3段を曲がり階段にして計画するといいでしょう。

仮に天井高が2400㎜とすれば、2階床と1階天井の間の厚みはおよそ300㎜程度で納められる場合が多いので、階段の最初から最後までの高低差は2700㎜ということになり、これが一般的です。

ということは、蹴上210㎜で考えた場合、2・7m÷210㎜＝約13段という割り付けになります。1段当たりの踏面が250㎜であれば平面図で見た場合3・25mの長さを階段で使うということです。

畳のサイズでいえば1＋4分の3枚分、尺貫法でいえば1間4尺5寸という寸法です。これをもう少しゆったりとした勾配の階段にしたい場合は、13段ではなく14段にすれば、1段当たりの蹴上は210㎜→190㎜程度になります。そして、階段の長さは約2間（3・64m）確保する必要があります。

さらに、1階部分の天井高さを200㎜上げるにつれ階段も1段増えると計算してプランに反映させていきます。ここで、階段で頭をぶつける話になりますが、階段室全体をオープンスペースとしておく分には気にしなくてもよいのですが、間取りを考えていくうちに階段の上の空間部分を部屋にしたり収納にしたりしないともったいないなと思ったりすることがあるわけです。

そのときに、階段を上がっていくにつれて2階床の高さとの間がだんだん詰まっていくということを考慮しないといけません。例えば、1階天井高が2・4mで階段1段当たりの蹴上が210mmであれば1段上がればその差は2190mm、2段目であれば1980mm、3段目であれば1770mm……ちょっと大柄な人であればそろそろ頭をぶつけるところです。2階部分を収納にするのであれば、その2階の床部分を底上げする必要がでてきます。

逆に階段下をトイレなどにしてデッドスペースを無くそうというプランも多いですが、その場合も下から8段目あたりに立ち位置がくるようにしないと頭をぶつけます。トイレの床の高さを1段下げるなどの工夫が必要になるでしょう。

一方、天井高を2200mm程度に低く抑えるという設計も、特に小規模住宅に

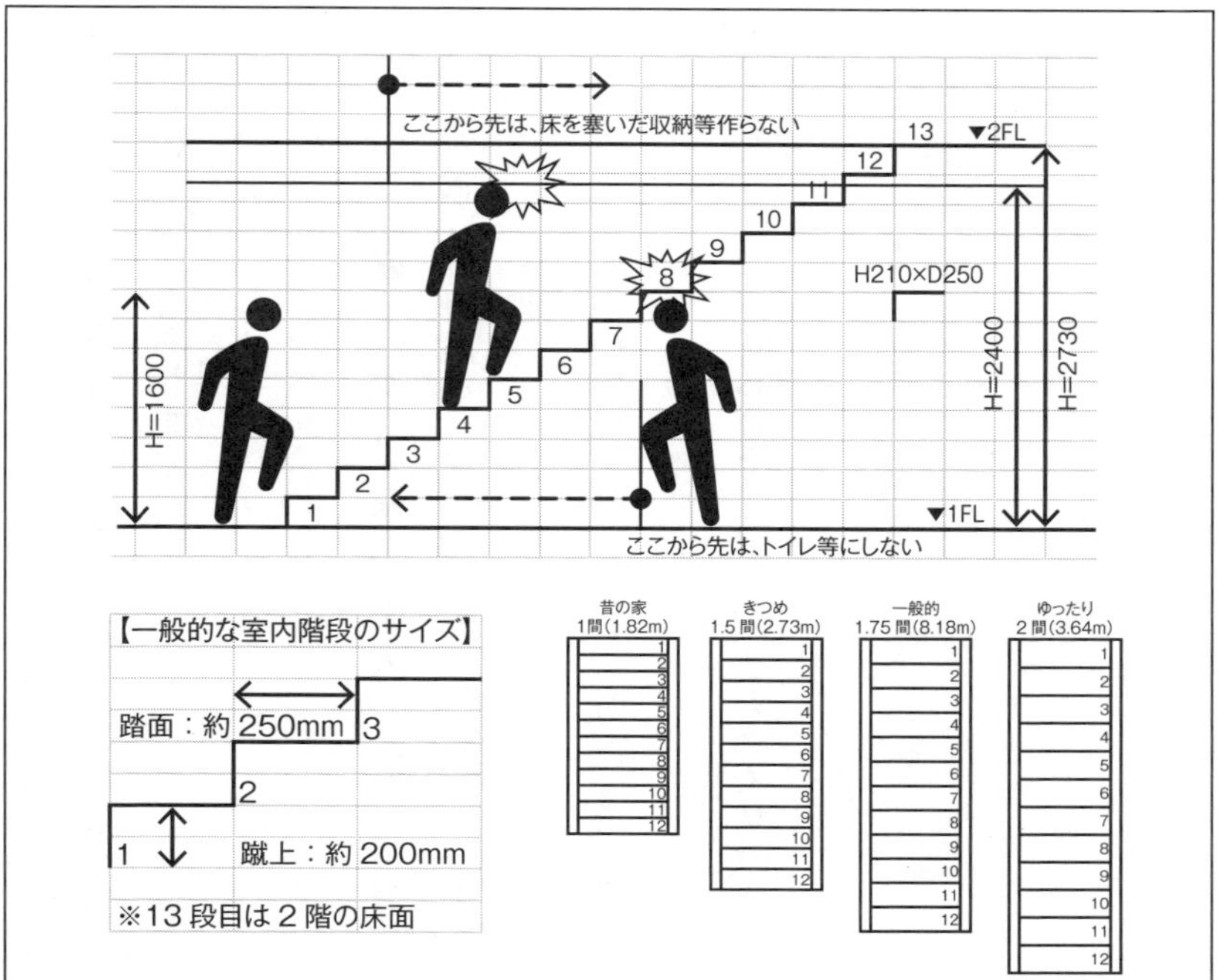

おいて一部の設計者の間では根強い支持を受けています。階段スペースがその分少なくなりますし、場合によっては室内を広く見せる効果があります。また、建物全体の高さを抑えることによって、周囲への圧迫感を軽減し、近隣対策上も有利であるという一面もあります。

家具・家電が運び込めない

廊下に曲がり角が多かったり、複雑に入り組んでいる間取りは家具・家電の搬入・搬出で苦労します。窓を外して出し入れする場合もありますが、その窓自体が幅600㎜程度の小さな窓だったりするとそれも不可能。

ほとんどの家具は分割可能でなんとかクリアできることが多いのですが、それでも洗濯機や冷蔵庫といった大きめの家電は、搬入経路が確保できないと運び入れるのは無理です。

2階リビングにして、ゆとりのあるキッチンにしたものの、肝心の冷蔵庫はスリムタイプのコンパクトなものしか入らなかったというケースは少なくありません。

2階リビングのメリット・デメリット

ついでに、２階リビングについて言及すれば、広い空間が平面的にも立体的にも確保しやすく、日照・通風・眺望などの面で優れたプランの一つといえる一方、ゴミ出しや買い物荷物の運び込み、来客対応でいちいち下に降りないといけない、居室が玄関フロアにあって年頃の子供の外出・帰宅を管理しにくい、といったマイナス面もあります。

遠隔操作ができるオートロックを組み合わせたり、１階部分と一体感を持たせた吹き抜けを設けたり、ダストシュート（上から下にごみを投げ落とすダクト）やディスポーザ（生ごみ粉砕機。ただし、環境負荷が大きくなりますので時代に逆行した設備ともいえます）、ダムウエーター（小さな昇降機。イニシャルコストもランニングコストもかかります）といった設備も検討する必要があるかもしれません。

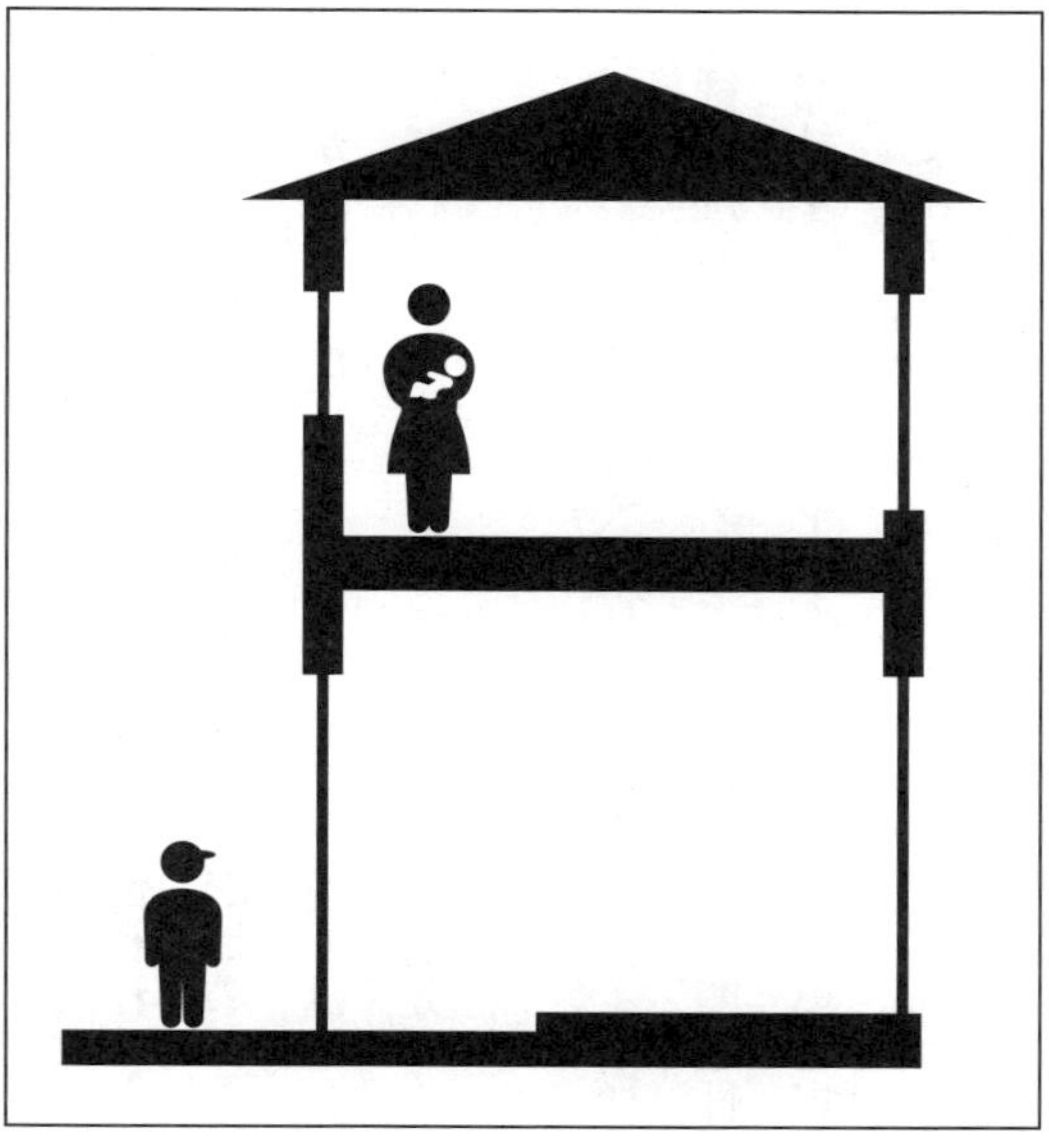

３つのモジュール

モジュールという考え方があります。日本国内の住宅建築では主に尺貫法にもとづき定められた、「尺（しゃく）モジュール」という3尺（910㎜）を標準単位としたスケールが採用されています。日本の尺貫法は日本人の体格によって考え出されたスケールなので、やはり大きすぎず、小さすぎず、ちょうどいい寸法のものを作り出すのに都合がいいということでしょう。

日本人であれば畳の大きさはこのくらいかなというイメージはしやすいと思います。標準的な畳の大きさは単辺3尺（＝半間＝0・91m）、長辺6尺（＝1間＝1・82m）。これが2枚並んだ大きさが1坪（＝3・306㎡）です。

1尺はおよそ303㎜ですが、手首から肘までの距離からきています。ちなみに欧米で使われているフィート（漢字では「呎」と書きます）は304・8㎜。尺よりも若干大きくなりますが、こちらも尺と同様人体サイズからきています。文字どおり「足」からですが、デカいですね。一説ではイングランド王ヘンリー1世の靴を履いた足を標準としたといわれています。そしてフィートの12分の1が1インチ（吋＝25・4㎜）です。

三尺×六尺の畳サイズを「三六版（さぶろくばん）」といったりしますが、畳に限らずベニヤ合板、石膏ボードなどでも標準的なサイズとなっています。部材の持ち運びをするうえでも体格との関連性が重要という意味合いもあります。また、最も標準的な部材寸法ともいえますので、これとは違う規格の部材を採用しようとすればコストは割高になるということを知っておくとよいでしょう。

伝統的な日本家屋で畳の部屋を作る場合、江戸間と京間という二つの異なるサイズの考え方があります。

例えば6帖間は短辺が1間半（9尺＝２７３０㎜）、長辺が2間（12尺＝３６４０㎜）となりますが、柱や壁の中心間の距離でこの寸法を当てはめたのが江戸間、この中心間距離を２９４０㎜とし、ほぼ柱や壁の内側（部屋の内面）で有効距離２７３０㎜を確保できるようにしたのが京間となります。当然、京間の方が広くなりますが、部材の標準化により現在では全国的に江戸間が採用されることがほとんどです。

鉄骨系の建物や、ユニット住宅、多くのハウスメーカーではメーターモジュールという単位で建てられるものも増えています。３尺（９１０㎜）の標準単位を1メートルに置き換え、ゆとりを持たせたプランニングです。

これに合わせた建材も徐々に出回るようになっていますが、数が出る尺モジュールのものに比べると前述のとおり若干コストが高くなる傾向にあります。ちなみに、メートルはパリを経由して赤道と北極点を結んだ距離の１０００万分の1という由来ですから人体モジュールとはちょっと違います。

また、北米や北欧系の輸入住宅ではさらにゆとりのあるインチモジュールという１２１８㎜を標準単位としたプランが採用されています。体格の違いだと思います。

モジュールは、「尺」よりも「メートル」、メートルよりも「インチ」という順番でゆったりとしてきますが、当然ながら図面に落とし込んだとき、一見同様の間取りだったとしても広さがまったく変わってきますので、予算や物理的・法的制限によって建物全体のボリュームが決められている場合には部屋数が取れなくなるということを念頭に置く必要があります。

例えば、6帖間（に見える部屋）は尺モジュールでは2・73m×3・64m＝9・937㎡、メーターモジュールでは3・0m×4・0m＝12・00㎡、インチモジュールだと3・654m×4・872m＝17・802㎡。尺モジュールを100とすると、メーターモジュールは120、インチモジュールは約180と実に2倍近くになります。

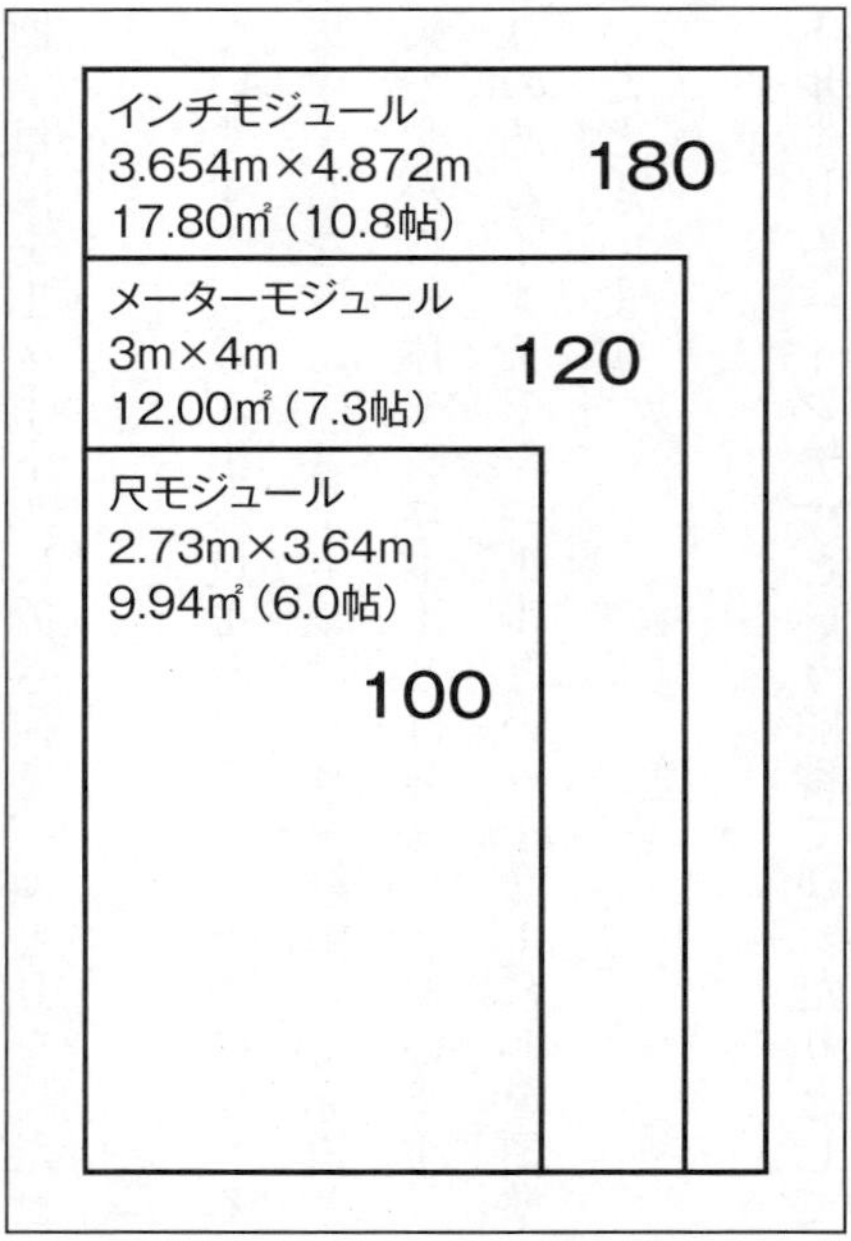

つまり、30坪（約100㎡）の標準的な4LDKプランと似たような間取りを取るためには、メーターモジュールでは36坪、あるいはインチモジュールでは54坪の建物になってしまい、建物をそこまで大きくできない場合は、間取りを3LDKや2LDKにしないと収まらなくなるということです。

サイズのゆとりは大切な要素の一つですが、そのあたりも踏まえてどのモジュールを採用するかを決めることです。

人が暮らすのに必要な寸法がある

モジュールは、人体サイズを由来とするということは前項でご紹介しましたが、人が体を動かすときには、人体の各パーツが理にかなった動きをすることを忘れてはいけません。

例えば、洗面台を使うときにはボウル部分で顔を洗うために普通は体を前に屈めます。そうするとお尻が後ろに突き出るようになりますが、そのあたりに収納を作ったりしていて十分なスペースが取れていないと毎朝お尻をぶつけて前のめりになるはめになります。

背の高い方と、背の低い方。身長にあったキッチンの高さにしておかないと作業効率が落ちますし、腰を痛めます。一般的には800㎜・850㎜・900㎜の3段階の調整ができる商品が多いですが、「身長÷2+50㎜」を目安にするとよいでしょう。身長150㎝であれば高さ800㎜、身長160㎝であれば高さ850㎜、身長170㎝であれば900㎜を選択するということです。

テーブルで食事をするとき、着座するときに椅子を引きますから、椅子とテーブルに収納した状態の背もたれと後ろの壁の間には750～850㎜程度のスペースが必要です。

通路として人が通るには600㎜の幅がいりますし、リビングソファとリビングテーブルの間には300～400㎜の隙間が必要です。

普段何気なく暮らしているスペースをしっかりと採寸して、あと何センチ広かったら、高かったら、低かったら……という視点で具体的な寸法を把握し、間取りやプランニングに反映させるとよいでしょう。

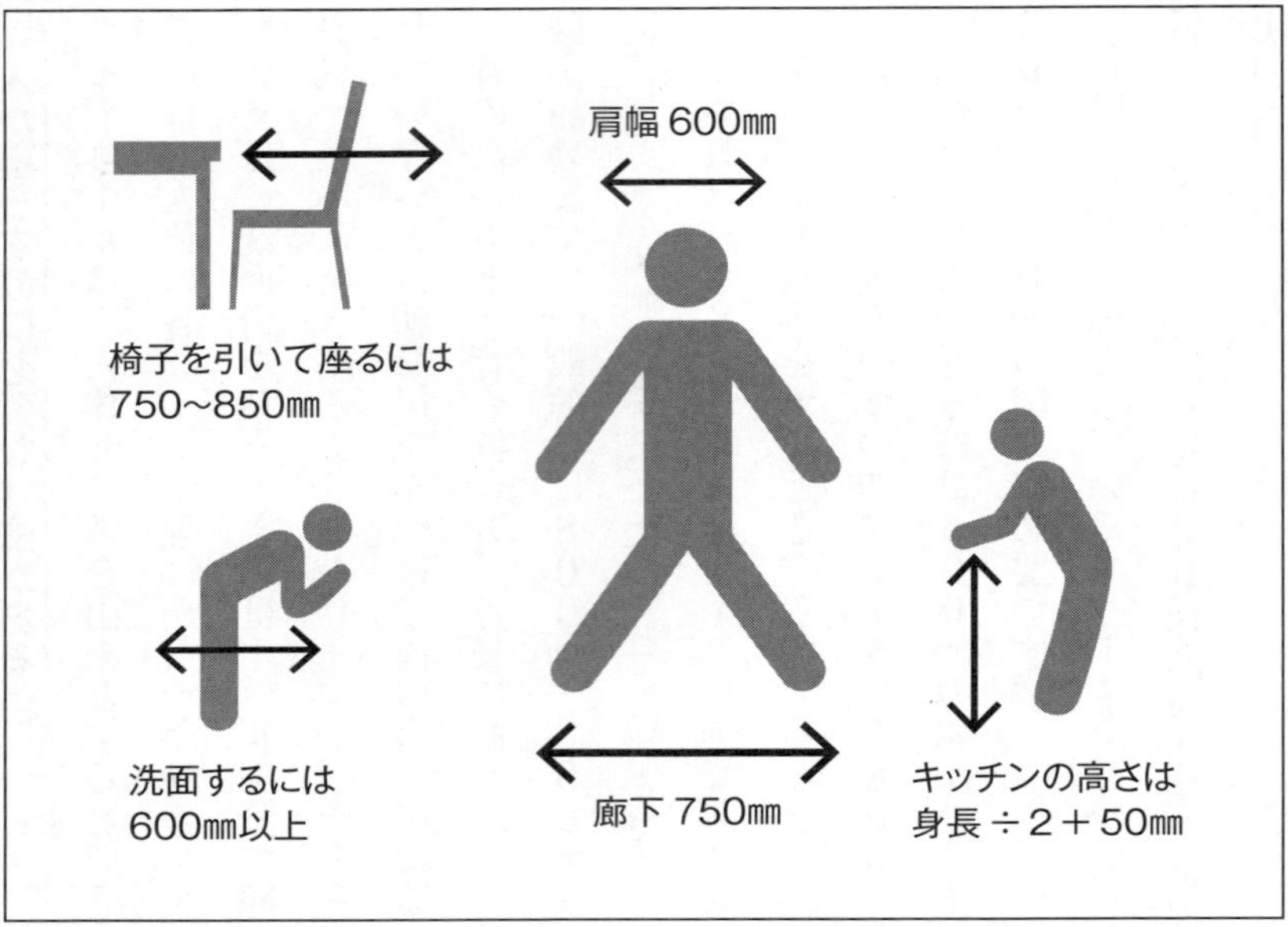

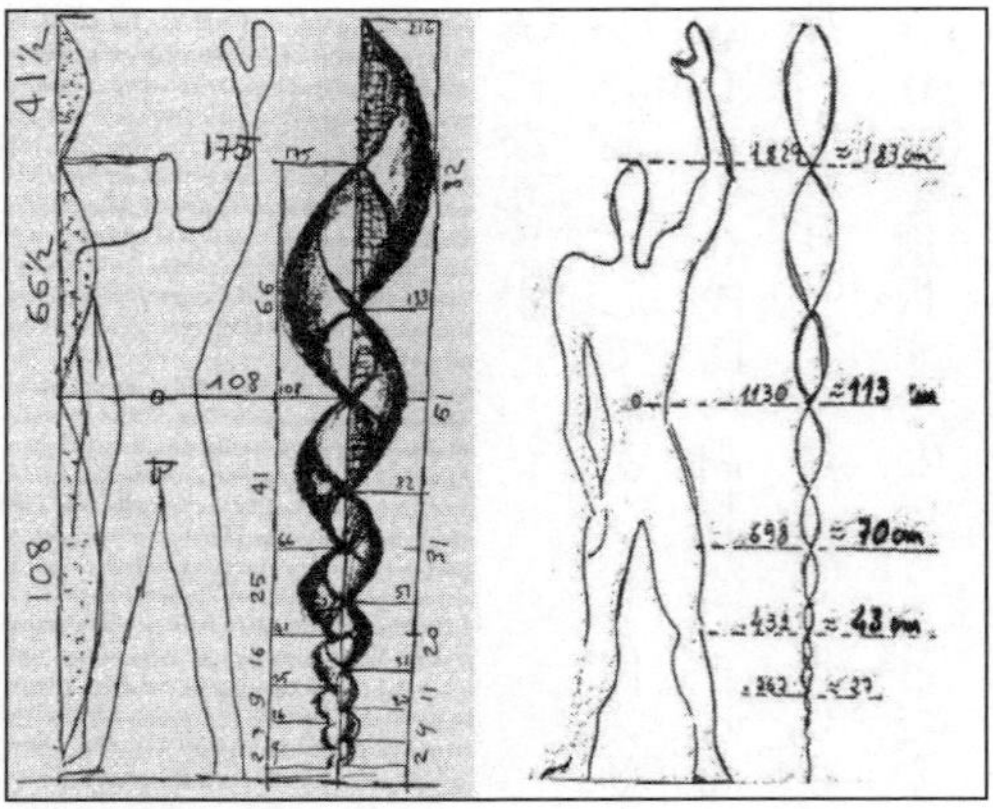

モデュロール（ル・コルビュジェ）

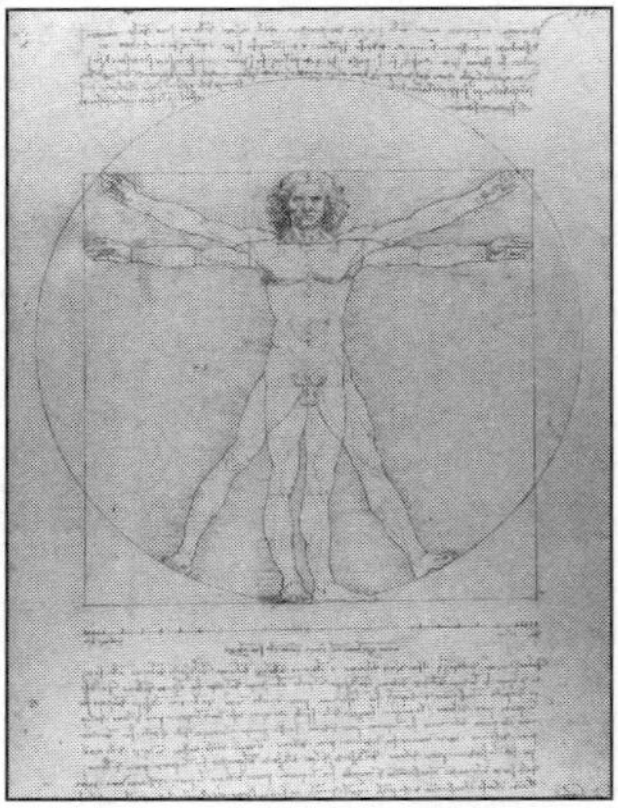

ウィトルウィウス的人体図
（レオナルド・ダ・ヴィンチ）

直角と鋭角・鈍角

土地の形が変形していたり、あるいはデザイン的に部屋の形状を正方形や長方形以外の形にする場合があります。これは好みの問題もありますが、一般的には家具を配置したりするのに収まりが悪かったり、視覚的な不安定感がもたらされたりといったデメリットが多くなります。

収納やトイレ・洗面所など比較的使用頻度の少ない部分で調整して、居室部分はなるべく直角で構成したほうが無難でしょう。場合によっては、デッドスペースを作ってでも整形にした方が広く使えるということもあります。

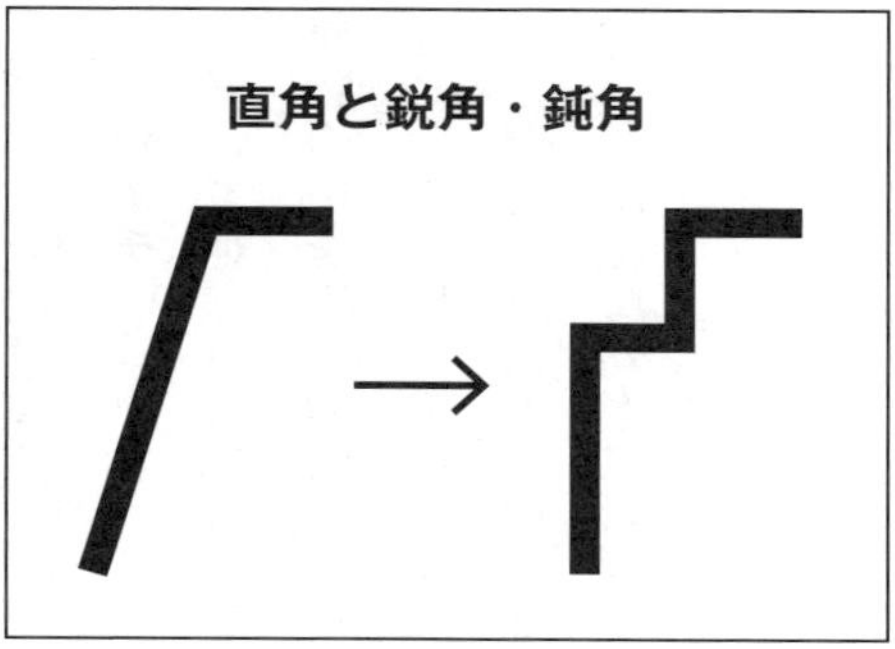

部屋ごとの注意点

アプローチ

車いす対応の場合はもちろん、高齢者や幼児がつまずき怪我をするというリスクを軽減するために建物の中を段差のないバリアフリーにしたいという要望は多いと思います。デザイン的にも、廊下とリビングや居室の床材が連続しているとすっきりします。

ただし、室内ドアの下部に隙間ができますから、建物内の温度差に対する対策を行っていない住宅では、冷暖房効率に影響を与えることは知っておいた方がよいでしょう。

バリアフリーのために玄関の上がり框（あがりかまち＝玄関の土間と床面の段差）を廃止し、フラットに仕上げるということも行われます。

ここで、意外と見落とされるのがその玄関に辿り着くまでのアプローチ。

ほとんどの住宅敷地は道路より高い位置にあります。また、一般的な住宅建築では基礎があって土台があってと地盤面から床面までの高低差が確保されていますので、これを埋めるために建物で解決するかアプローチで解決するかという二者択一をしないといけなくなります。

建物による解決方法は、地盤面と建物床面の高低差をなるべく少なくすることです。

そもそも、なぜ地盤面と建物床面の間には高低差があるのかというと、床下に空間を確保し、通風口を設けることで換気をし、湿気をこもらせないためです。また、シロアリや腐朽菌を遠ざける意味合いもあります。建築基準法では「床の高さは地盤面から450㎜以上とすること」あるいは「基礎を地面から300㎜以上立ち上げること（住宅金融支援機構の基準では400㎜）」といった基準が設けられています。

高低差対策のためには床下をコンクリートで覆い、土台よりも低い位置で床組みをすることでこれをクリアするのが一般的な解決方法と思いますが、床下に空間がなくコンクリート層を通して直接地面から寒気や湿気が上がってくる可能性が高くなりますので、床暖房・防湿層などの対策が必要です。また、敷地面と道路面の高低差があまりない場合には、豪雨や河川・水路の氾濫によって居室内に浸水するリスクが高くなります。

アプローチによる解決方法は床の高さ自体は標準的な高さとして、地盤面からの高低差相当のスロープを設置する方法です。

一般的に車いすで利用することを想定したスロープの勾配は屋外で15分の1勾配、屋内で12分の1勾配。つま

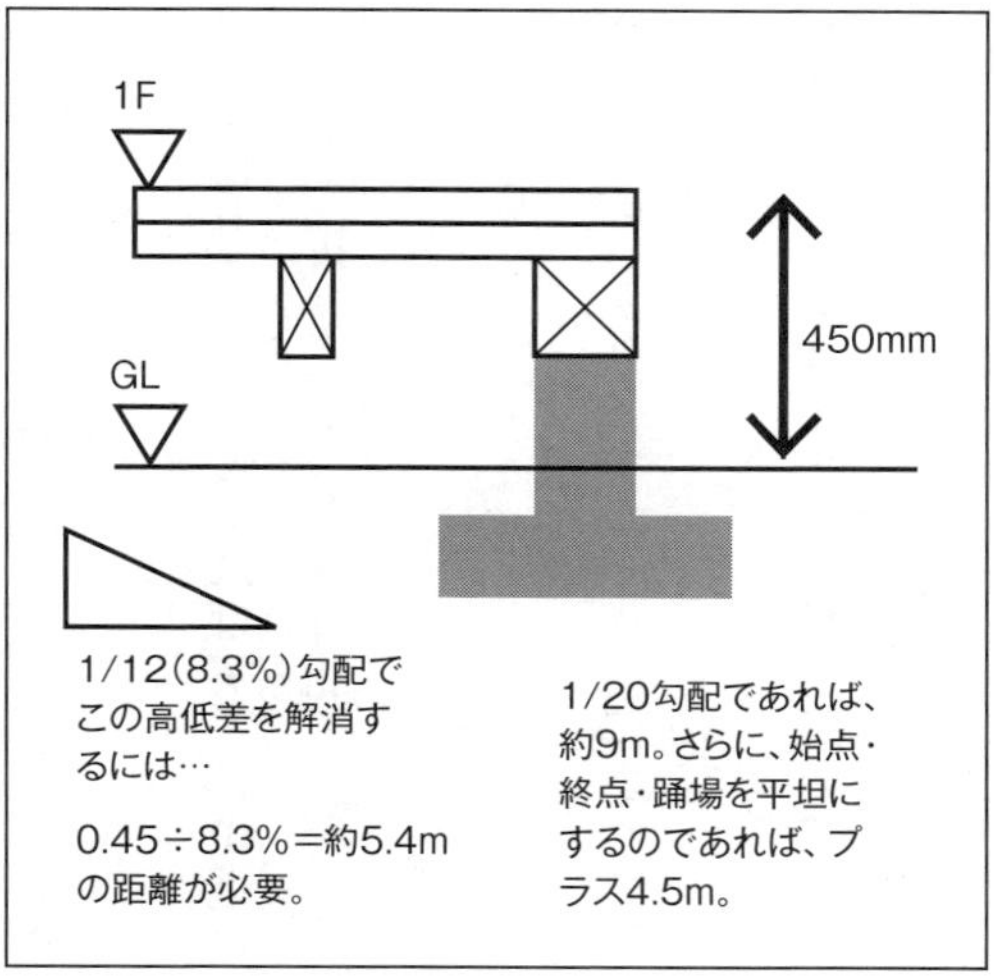
1F
GL
450mm
1/12(8.3%)勾配でこの高低差を解消するには…
0.45÷8.3%＝約5.4mの距離が必要。
1/20勾配であれば、約9m。さらに、始点・終点・踊場を平坦にするのであれば、プラス4.5m。

り、450㎜の高低差を上がるために屋外に設置するスロープの総延長は450㎜×15＝6・75m必要ということです。

玄関扉前のスペースを1・5m、スロープの始点のスペースをやはり1・5mとすれば実に10m近い距離のスペースをスロープのために確保する必要があります。途中で折り返すことも可能ですが、使用面積はさらに増えます。

また、敷地自体に道路との高低差がある場合は別に検討が必要です。場合によっては、スロープの勾配をきつくして距離を短くする方法もありますが、程度によってはかえって滑って危険という場合もあります。

靴の着脱の際腰かけられる玄関の上がり框は、それはそれで便利でもありますし、靴を脱いで部屋に入るという生活文化のなかでは砂やほこりの侵入を防ぐという実用的な役割も果たしています。「バリアフリー」という一つのキーワードにとらわれて袋小路にはまってしまったときには、改めて別の切口で考えてみるとよいかもしれません。

玄関

収納、採光、そして段差のほかに玄関の設計で考えなければいけないのは、玄関ドアの形状、広さなどです。

一般的には玄関ドアは外開きの開き戸が採用されます。欧米では内開きが一般的ですが、玄関と床の高低差が無く靴のまま室内に入る生活ではないうえ雨が多く雨仕舞が重視される日本では、外開きが標準となっています。

開き戸は、防犯性能・気密性において優れていますが、ドアが開くために必要な円弧状のスペース確保や車いす利用の場合の不便さなどの問題からスライド式の引き戸が採用されることもあります。

建物全体の断熱計画を考えるうえでは、玄関ドア自体の断熱性も検討材料になります。あるいは防火規定のある地域であれば、ドアの防火性能も求められますので注意が必要です。

また、玄関ドアには必ず錠前が付きますが2階にリビングを配置する場合などは、家族の帰宅時にその都度階段を上がり下りする手間を省くために、リモコンで開閉できる電子錠とTVモニタフォンの組み合わせを採用するとよいでしょう。

また、玄関の広さは様々ですが、一般的には間口1820㎜（内法1700㎜）奥行910～1820㎜内（内法790～1700㎜）のケースが多いと思います。

外出用車いすを玄関に置いて室内用車いすに乗り換える場合などは、その分余計に有効面積を確保する必要があります。

玄関内部だけでなく、外部にあたる玄関ポーチもスペースが許す限り十分な余裕を取らないと、勝手口のようになってしまう恐れがあります。建物全体のバランスを見ながらあまり削りすぎないようにしたほうが無難だと思います。ちなみに玄関ポーチ上の庇（ひさし）が建物から1m以上の範囲となる場合、1mを超える部分が建ぺい率の計算に算入されることになります。

廊下

間取りの工夫によって廊下面積をできるだけ少なくすると、その分居室面積が広がるのでよいのですが、これもバランスの問題です。廊下の機能を考えた場合、一般的な3尺幅（壁芯９１０㎜・内法７９０㎜）は確保する必要がありますが、車いす利用などを想定するのであればもう少し広くとる必要があります。３尺半であれば内法９４１㎜、４尺であれば内法１０９３㎜といったところでしょうか。

また、廊下を廃し玄関や階段室から直接リビングや居室にアプローチをする場合は、玄関ドアの開閉による熱損失と温度差の発生、階段室を通した上下階間での空気の対流による熱損失、玄関からの視線や靴の臭いの問題などにも注意が必要です。

また、せっかく廊下を廃しても室内の一部が常時通路として利用されてしまうのであれば意味がないかもしれません。

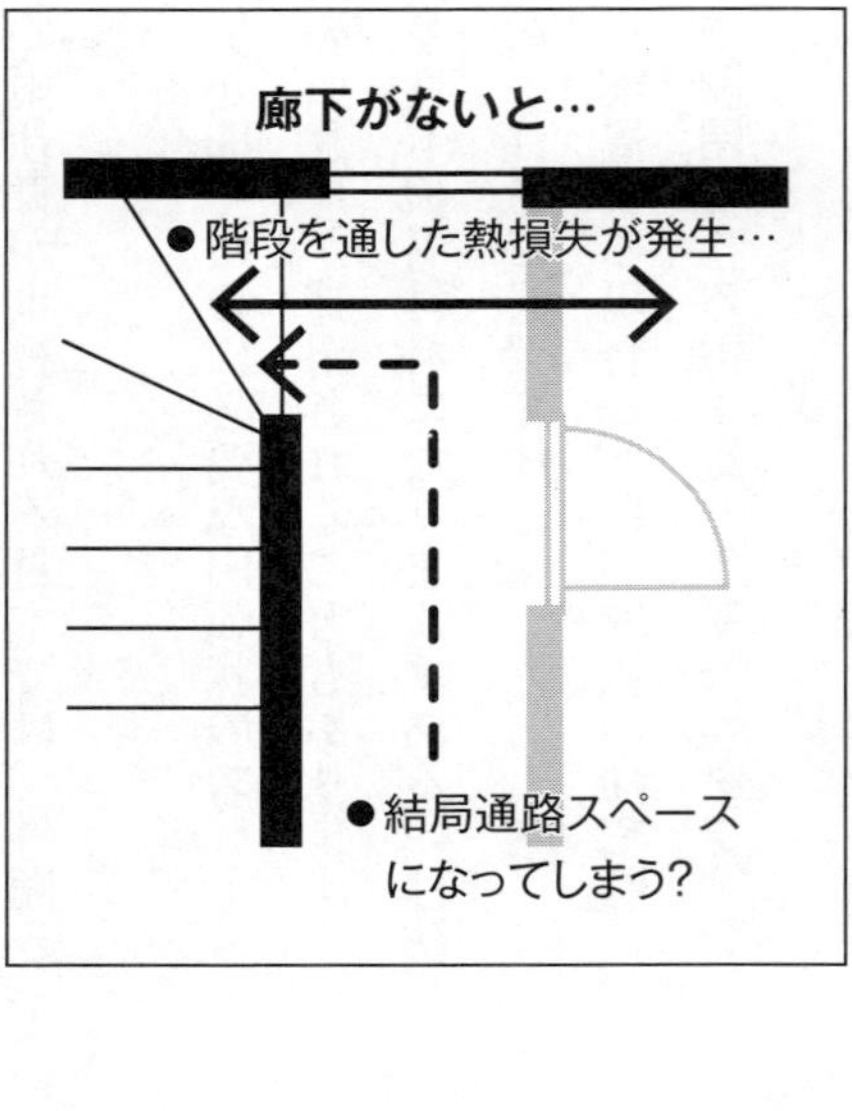
廊下がないと…
●階段を通した熱損失が発生…
●結局通路スペースになってしまう?

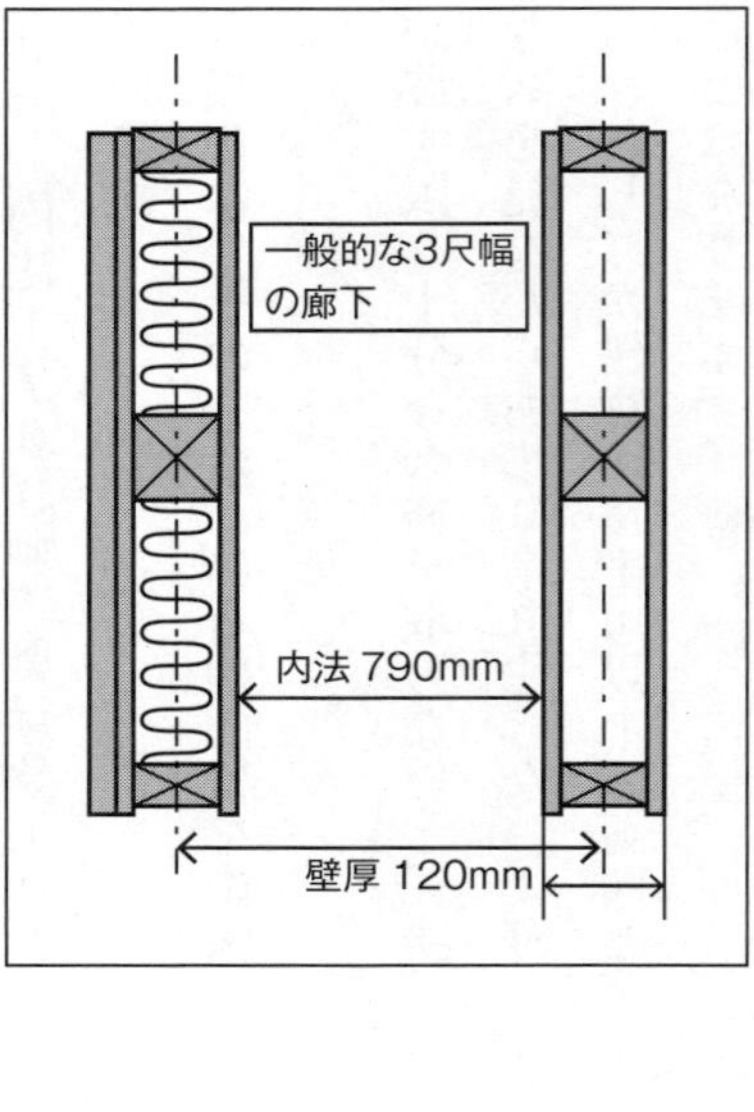
一般的な3尺幅の廊下
内法 790mm
壁厚 120mm

リビング

（公社）首都圏不動産公正取引協議会の規定では、ＬＤＫ（リビング・ダイニング・キッチン）は居室数１の場合で８帖以上、居室数２以上の場合で10帖以上と規定されています。

ちなみに、ＤＫ（ダイニング・キッチン）は同、４・５帖以上、６帖以上となっています。

実際に10帖のＬＤＫにキッチン・ダイニングセット・ソファーやキャビネット、ＴＶなどを配置するとかなり窮屈な感じになるでしょう。

壁付けのキッチンの場合で12帖以上、対面カウンターキッチンを採用するとなれば、少なくとも14帖以上、できれば18～20帖は確保しないとゆったりとした感じにはならないはずです。視線の通り方を工夫したり、家具の高さや配置で部屋を広く見せることは可能ですが、実際に必要な床面積はやはり物理的に決められてしまいます。

また、同じ面積であってもリビングの形状によって使い勝手が変わります。

例えば……

１、間口３間（５・４６ｍ）×奥行３間（５・４６ｍ）の正方形の18帖

２、間口２間（３・６４ｍ）×奥行４・５間（８・１９ｍ）の長方形の18帖

３、間口１・５間（２・７３ｍ）×奥行６間（１０・９２ｍ）の細長い18帖

家具のレイアウトや動線を入れてみるとわかりますが、恐らく２番目の間取りが最も使いやすいと感じる人がほとんどだと思います。

大空間を作る場合、重量鉄骨やＲＣ以外では、柱と柱、あるいは構造壁と構造壁の間は2間（3・64ｍ）しか空けることができません（梁を飛ばすといいます）。形状によっては部屋の中に柱や壁を作る必要があるということも知っておいてください。

また、部屋の面積や容積が大きくなると冷暖房の効率が悪くなる、天井高を標準的な2・4ｍよりも高くすると解放感が生まれるが外壁・内壁・階段など使う部材がその分増えるので建築コストにそのまま反映されるということも見落としがちです。

キッチンとリビング・ダイニングの間には防火上天井から500㎜の垂れ壁が必要という内装制限が以前はありましたが、法改正によりコンロ上部と周囲数センチの防火対策を行えば不要となったので、このあたりも室内のデザインと関連することとして知っておくとよいでしょう。

リビングのレイアウト

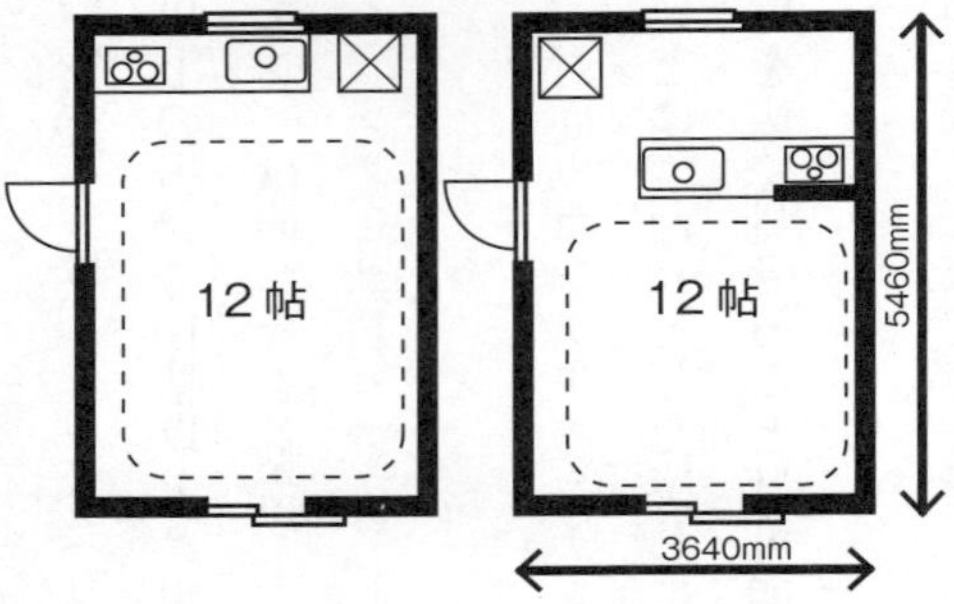

リビングの形状

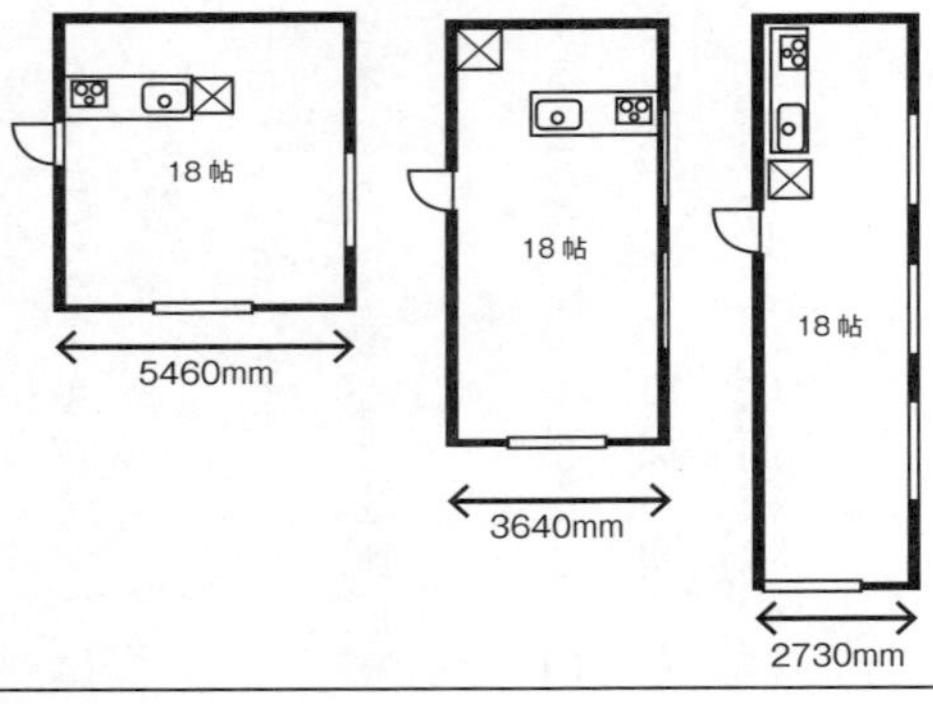

キッチン

モジュールの項で触れたように、キッチンセットの高さは、使う人の体格に合わせて決定する必要があります。高さの合わないキッチンは作業効率低下や腰痛などの原因になります。

前述のように、かつては８００㎜が標準的な高さでしたが、現在では８５０～９００㎜という高さが標準となりつつあります。車いす利用の場合は、シンクの下部に空間があり高さも７３０㎜程度に抑えられたものが使われます。キッチンはオーダーメイドも可能ですから、既製品ではサイズやデザインで気に入らないという方は検討の余地があるでしょう。ただし、工場で品質管理がしっかり行われている既成品に比べると、精度にばらつきが出がちな点、そして多くの場合割高になる点に注意が必要です。

キッチンの幅については家族の数や作る料理の種類、食器や調理器具の数、あるいは何人で作業をするかによって決まります。

一般的な住宅では、最低でも１８００㎜、多くは２４００～２７００㎜の間のサイズが採用される場合が多いでしょう。冷蔵庫を並べて置く場合は、６００～９００㎜をさらにスペースとして空けておく必要があります。

奥行は通常６５０㎜程度。そこに立って作業をするわけですから、オープンタイプ以外の独立式キッチン・対面式キッチンの場合はキッチンセットと後ろ側の壁の間の作業スペースをどの程度確保するかという判断をします。図面上で壁の中心から中心までの距離を1間＝6尺（1820㎜）開けると、壁の内法は両側の壁厚さ各120㎜の半分、60㎜×2＝120㎜を差し引いた1700㎜になります。ここからキッチンセットの奥行650㎜を差し引くと1050㎜が残りのスペースになります。

ヒトの肩幅はおよそ600㎜ですから、二人で作業する場合でも十分な幅員といえます。

一人で作業する場合が多いのであれば、あるいは全体的なスペースの関係でキッチンスペースをコンパクトにする必要がある場合は、もう少し狭くてもよいでしょう。

図面上で0．75間＝4尺5寸（1365㎜）であれば、やはり壁厚さを差し引いた内法の有効幅は1245㎜。キッチンセットの奥行を引くと595㎜。このくらいが限界だと思います。できれば5尺（1516㎜）で有効幅約750㎜程度は確保したいところです。背面にカウンターや収納スペースを取る場合はその分のスペースをプラスして考える必要があります。食器棚で

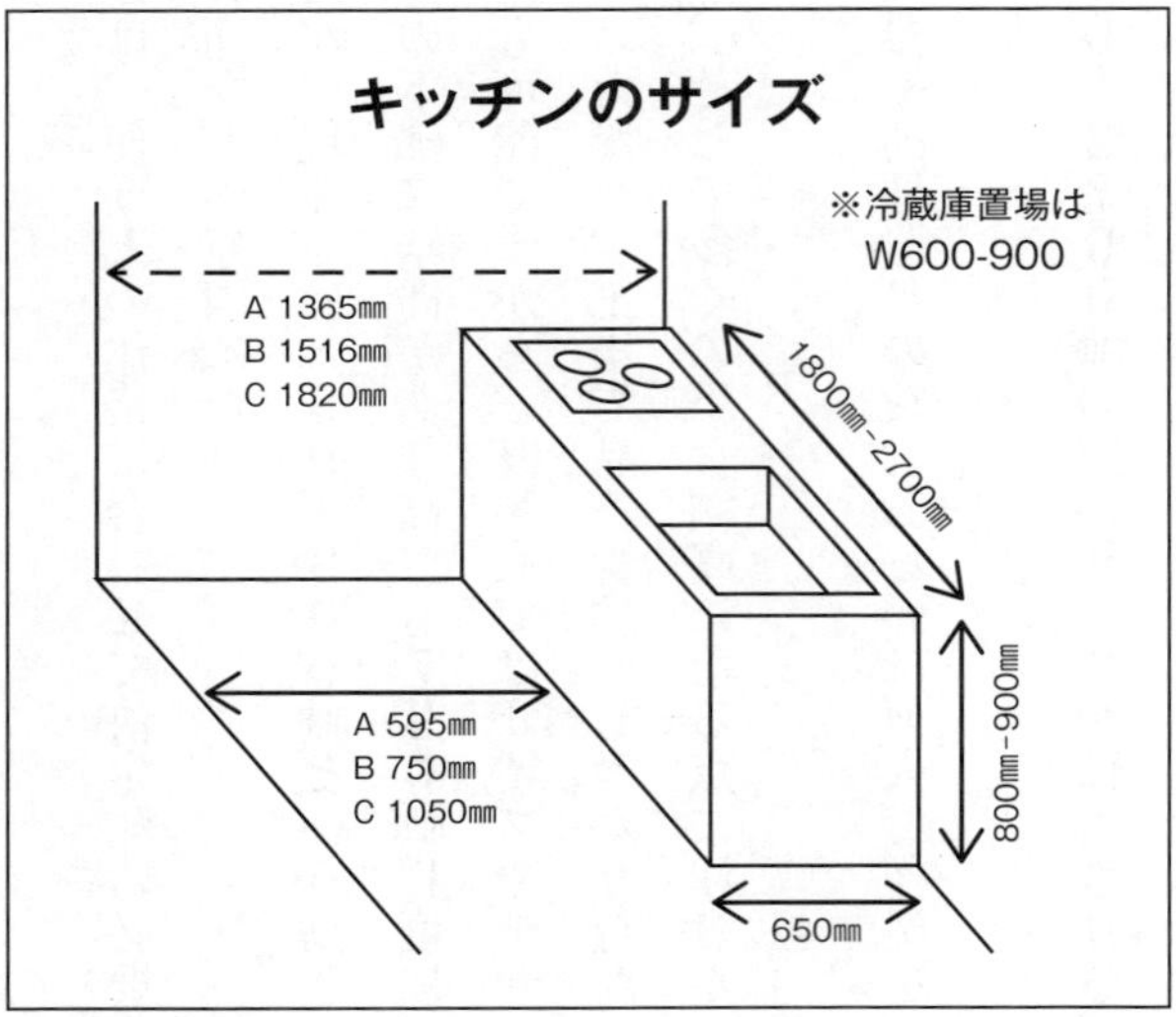

あれば３００～４００㎜、冷蔵庫であれば５００～６００㎜と考えてください。

対面カウンター式キッチンを採用する場合には、リビング・ダイニングスペースが十分に確保できていないとかなり狭いＬＤＫになります。家具配置をするとキッチンを含め12～14帖程度でもかなりコンパクトな感じになることがわかると思います。

家具の配置や買換え、隣接居室との一体化も含めて検討するとよいでしょう。

また、キッチンセットの形状にはⅠ型かＬ型かという選択肢がありますが、引出し式のスライド収納を使う場合はⅠ型の方が収まりがよく、またキッチン自体の価格も、製造工程が多く流通量も少ないため割高になりがちなＬ型に比べかなり抑えることができます。

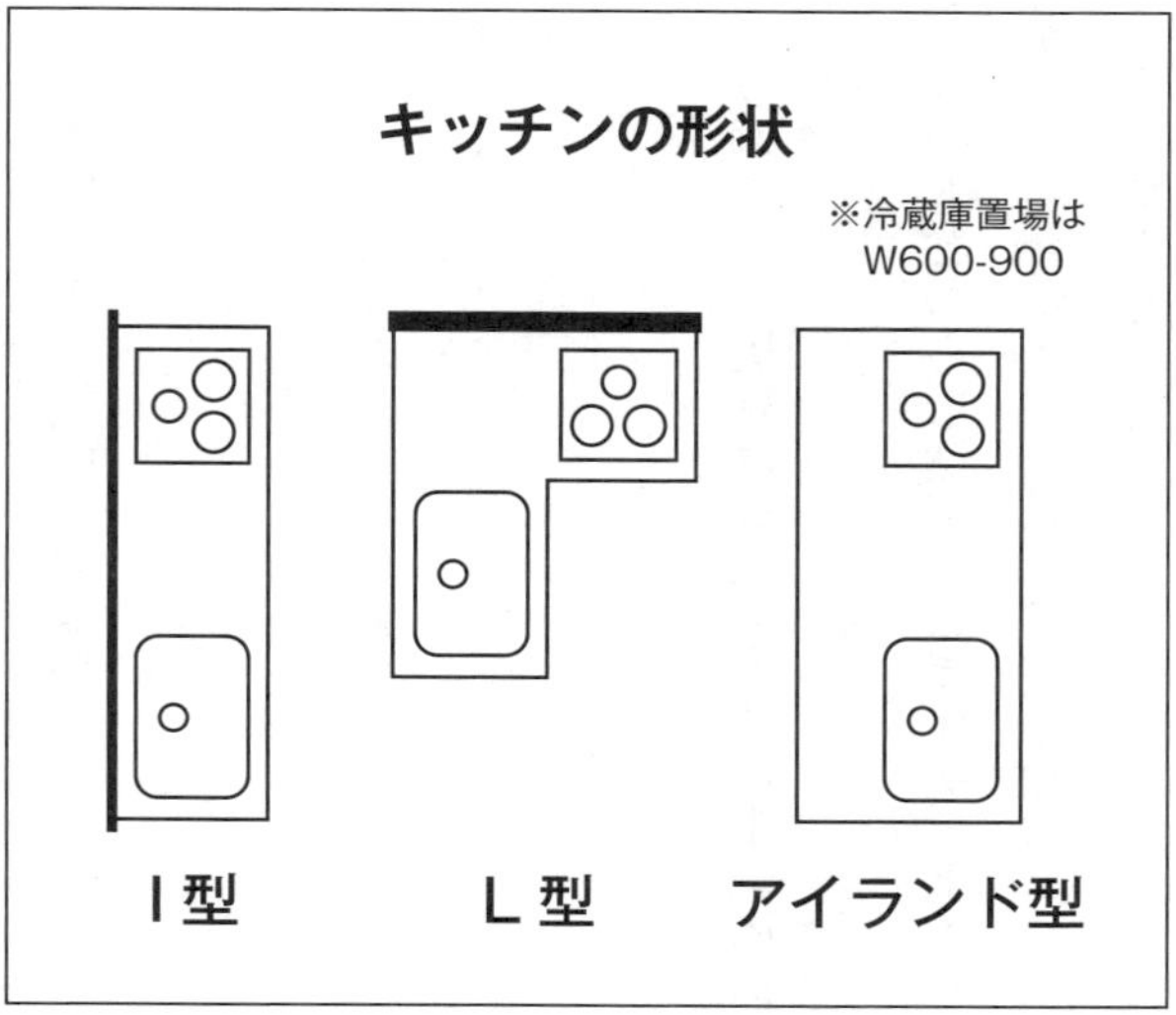

調理コンロに関しては、ガスとＩＨそれぞれ特徴がありますから、ご自身の作業パターンや優先順位に応じてどちらでも好きなものを選択するとよいでしょう。

ガスコンロ

ガス配管が必要
焼いたり炒めたりという調理が得意
調理器具の制限がない。土鍋もＯＫ
安全装置があるものの火災の恐れがある
停電でも使えるが都市ガスの復旧は遅い
掃除が大変

ＩＨコンロ

電気配線のみ。契約アンペア数は高くする必要あり
煮たり揚げたりという調理が得意
専用調理器具しか使えない
火災の恐れが無い
停電だとお手上げだが電気の復旧は早い
掃除がラク

こんな感じの差になりますが、掃除のしやすいフラットタイプのガスコンロや、魚焼きグリルに電熱線を使うＩＨコンロなどお互いに短所を補う商品開発が次々にされています。

トイレ

一般的な住宅のトイレの幅は廊下と同じく3尺＝内法７９０㎜です。奥行は最低でも4尺半（内法１２４５㎜）、一般的には6尺（内法１７００㎜）。

扉は前者であれば外開きか引き戸、後者であれば外開き・内開きどちらも選択できますが、トイレの中で人が倒れた場合のことを想定して内開きにしない方がよい場合が多いと思います。ただし、これも開けた戸の干渉具合によりますので廊下側の建具配置を含めてよく検討してください。

車いす利用の場合は転回や移乗が必要ですから、幅４尺半×奥行６尺程度のサイズ（０．７５坪＝小さめの浴室程度）を確保するとよいでしょう。この場合の扉は引き戸を選択すべきです。

トイレ内スペースが比較的狭くなりそうなときはタンクレストイレの検討をするとよいでしょう。

また、比較的広く取れそうなときは、専用の手洗い器を付けると便利です。

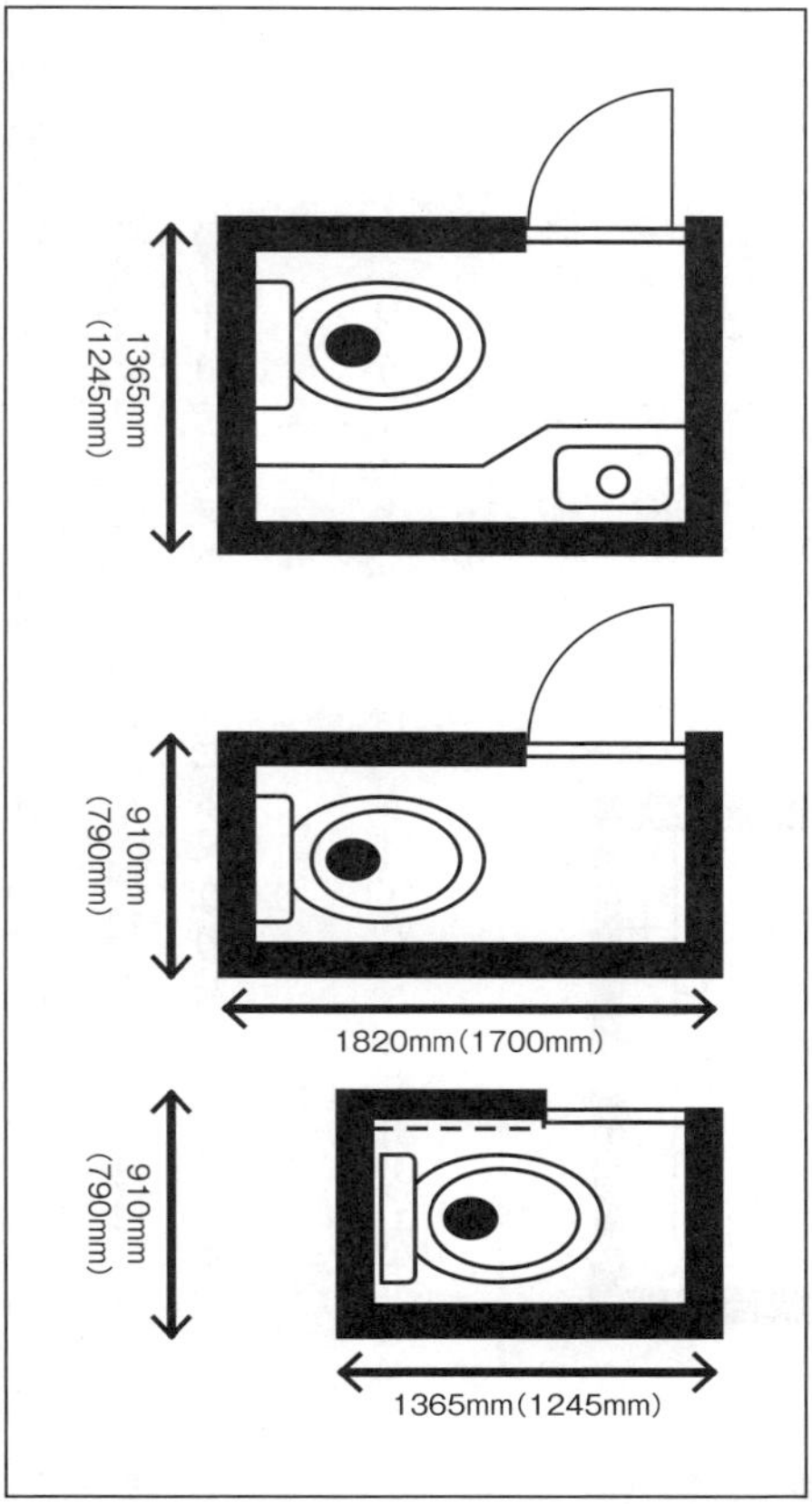

浴室

浴室のサイズは、かつては１２１６サイズという間口４尺半（壁芯１３６５㎜・内法１２４５㎜）

×奥行6尺（壁芯1820㎜・内法1700㎜）に収めるものが主流でした。設置するときに100㎜程度のクリアランスが必要なため、ユニットバス自体のサイズが1・2m×1・6mとなるので1216（イチニ・イチロク）という呼称が使われます。

間取りにもよりますが、現在の主流サイズは1616（イチロク・イチロク）。ちょうど1坪のサイズに収めますので、「1坪タイプ」と呼ばれたりします。入浴介護等が必要な場合は、リフトの設置なども含めより広いスペースが必要になりますので、さらに大きなサイズを選択することになります。

ユニットバスが主流となる前は、基本的に浴室は現場施工で作られていましたが漏水対策や湿気による土台の腐朽など問題が多く、より信頼性が高く施工も容易なユニットバスに取って代わられました。

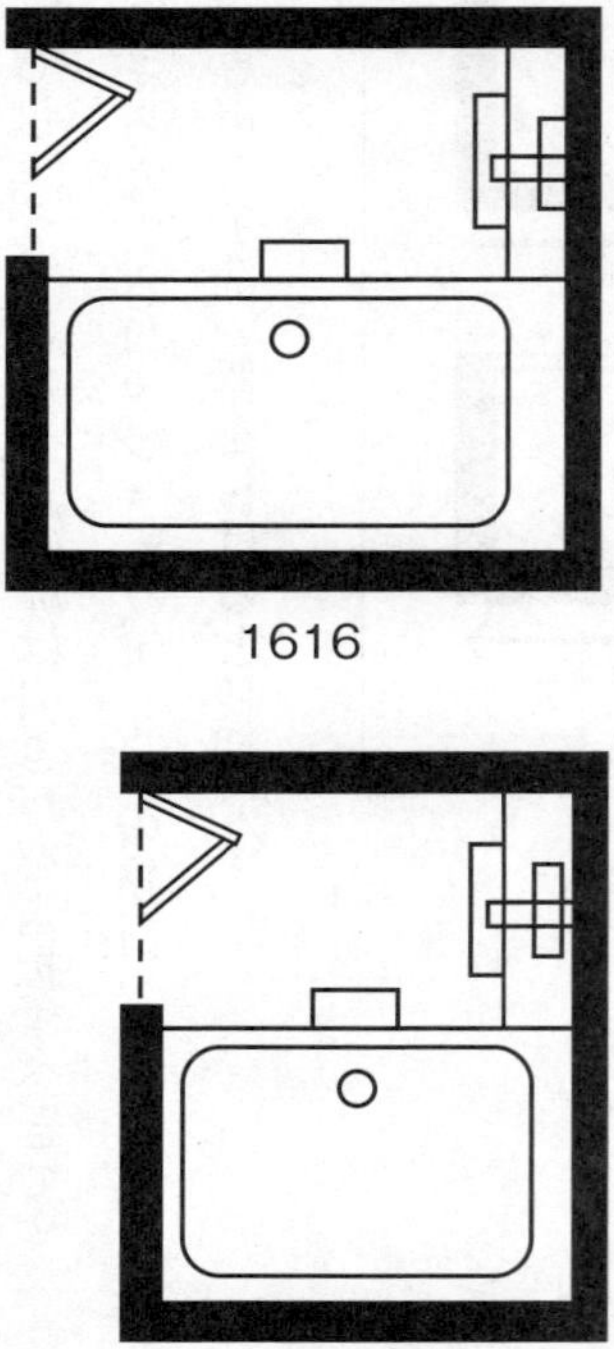
1616
1216

ただ、天然木や自然石を使った浴室に愛着を持つ人も少なからずいて、その場合は下半分だけユニットバスになっているハーフユニットを採用したり、浴室部分だけＲＣ造にして木質系の構造材と切り離したりといったことによって解決をしています。

浴槽部分を掘り込んで温泉旅館のように洗い場とフラットにしたいニーズがあるのであれば、基本的に現場施工を選択することになります。

寝室

寝室はベッドの大きさとレイアウト、周囲のスペースの大きさ（車いすを想定するとベッドまでの移乗スペースも必要です）、タンスやキャビネット、本棚、デスク、チェアといった家具の有無や配置でそのサイズや形状が決まりますので、プランニングの時点でそれらを考慮する必要があります。ベッドを置いたら、クローゼット扉が開けられなくなったとか、部屋のドアが半分しか開かなかったという失敗は少なくありません。

照明も横になったときにまぶしくないかといった配

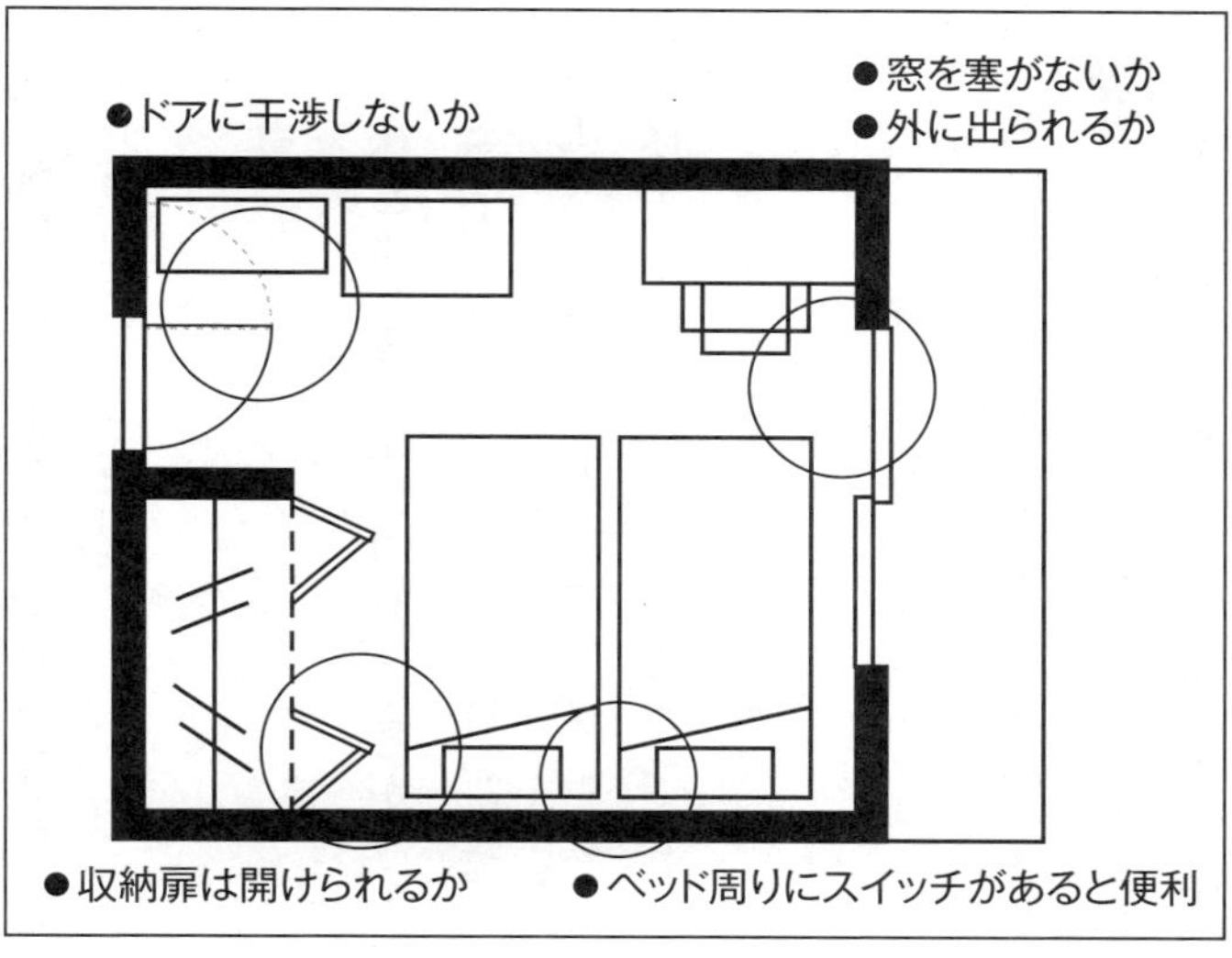
●窓を塞がないか
●外に出られるか
●ドアに干渉しないか
●収納扉は開けられるか
●ベッド周りにスイッチがあると便利

慮が必要です。また、リモコン式の照明を採用するとか、枕元に部屋入口付近のスイッチと連動する三路式スイッチや照明のコントローラーを配置するといった工夫をしておくと便利です。

設備・仕様の失敗

間取りと並んで、後悔しがちなのが設備・仕様です。建物本体と比べると比較的耐用年数が短く、交換・更新が容易ですからあきらめもつきやすい部分ではありますが、それでも安くない買い物ですし、それを使っている何年ものあいだ不満を抱えているのは決してよいこととはいえません。

また、選んだものによっては思わぬ危険性があったり、維持保全の手間やコストが大変だったりということもあります。ここでは、設備・仕様の部分で失敗しがちなポイントをご紹介します。

すべる床材

フローリングがすべると室内犬が腰を痛めるということがいわれますが、人間も例外ではありません。磨き上げられた床材はとても気持ちのいいものですが、設計するうえでは安全を確保するためにも「すべり係数」ということを考慮する必要があります。フローリングだけでなく、玄関やポーチ、外部階段・スロープのタイルなども要注意です。特に大理石・御影石などの天然石はバーナー焼き仕上げや割肌といった、表面をざらざらにする加工をしない限りは濡れると非常にすべります。

２００７年７月に都内のコンビニエンスストアのスロープで起こった転倒事故に関して２０１２年

東京高裁は、店舗占有者であるコンビニ本部に対し５２０万円の損害賠償支払いを命じる判決を下しました。建築基準法や自治体の条例でスロープの勾配とすべり抵抗値（ＢＰＮ）の関係が細かく決められていますが、これに違反した施工をしていたため雨の日に滑って転倒した店長が腕を骨折し後遺症が残ったという裁判です。原告が店舗管理者でもあったため、過失相殺が認められ大きく減額はされていますが、それでもかなりの金額です。

デザインを優先した、あるいは不用意に部材を選択した仕上げにすると、自分自身が危険な目にあうだけでなく、万一他人を巻き込むと建物の所有者である皆さんに思わぬ責任が生じてしまうということを肝に銘じてください。

シミの付きやすい床・壁

生活の場であるマイホームは、鑑賞作品ではありません。日々その中で生活が営まれ、様々な行為や作業が行われます。

歩くときにはバランスをとって壁に手をつきます。食事をすれば食べこぼしだってしますし、よく冷えたグラスを床に置けば水滴の丸い輪が。小さなお子さんがいる家庭であれば更にでしょう。先ほどのすべり係数の話とは逆になりますが、表面がつるつるしているほどそういった汚れは付きにくく、落としやすくなります。

柔らかい樹種の無垢材で表面コーティングがされていないものを床材で使うと、汚れを落とすには表面を削るか、状態や場合によっては張り替えということも。また、無垢材は合板や集成材に比べると湿度や温度や荷重によって部材の収縮・膨張、反りなどの変形が起こりやすいのも特徴です。

塗装仕上げによる壁も五分ツヤよりも粗い仕上げにすると汚れをふき取れなくなります。壁クロスも布・紙・ビニール、そして防汚処理の有無でまったく変わります。

多孔質でざらざらのものは、汚れやすいしそれを落とすのもやっかいなわけですから、珪藻土や無釉陶質系タイルなどの優れた調湿性を持つ素材は、そういったメンテナンスの部分と引き換えになるということも選択の要素の一つとして知っておくとよいでしょう。

そういった汚れやシミを「味」として捉える人もいますし、わずかな汚れでも気になって仕方がないという人もいます。

何を選ぶか、生活の仕方とこだわり、そしてどこまで許せるかという許容範囲を決めることです。

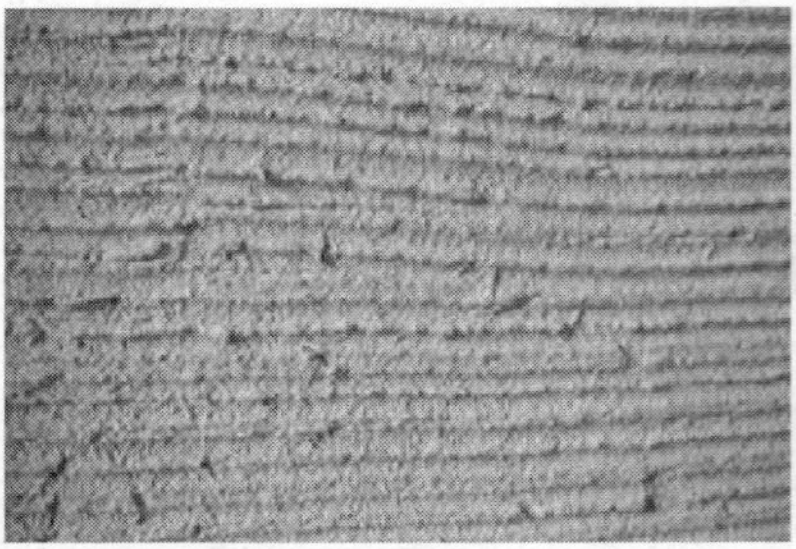

櫛引（くしびき）仕上げ外壁

パイン材　床

スイッチとコンセント

スイッチの位置は、ドアの横で高さは床から１２００㎜程度、コンセントの位置と個数は、部屋の対角線上に２口のものを各１か所。高さは床から２００㎜程度というのが一般的な仕様です。

これも、よく検討しないと後悔することになります。もちろん工事後の修正や変更は可能ですが、内装下地ボードを貼る前ならまだしも、内装を仕上げた後となるとなかなかの大工事になります。また、コンセントの増設となるとそれだけ使用機器が多いということも考えられますので、電力会社との契約アンペア数も増やさないといけないかもしれません。

スイッチは部屋の内側が基本ですが、トイレやキッチンといった狭い部屋、あるいは収納室、納戸といった中が真っ暗になる部屋で、なおかつスイッチを付けるスペースの問題がある場合は、外側にあったほうが使いやすいケースもあります。

また、ドアの横が基本位置ですが、内開きドアの室内側吊元側にスイッチを設置したりすると、①ドアを開けて真っ暗な部屋に入る②振り返ってドアを閉める③手探りでスイッチを点ける……といった動作を強いられます。この場合は、ドアを開けてすぐのところにスイッチがあれば問題ありません。もちろん、ドアの外側でもかまいませんが、そうすると部屋の明かりを消すためにいちいちドアを開けて手を伸ばして…ということになってしまいます。

当たり前のことのようですが、作図したり、プランを検討したりするときには意外と見落としがちです。この部屋に入るときには……と、シミュレーションをしながら、不自然なところがないかということをよく検討してください。

寝室やリビングなど部屋の奥と入口といったように2か所で照明のコントロールをしたい場合には、リモコン式の照明を使うことも考えられますが、「三路スイッチ」という階段室の上と下で連動するスイッチを使うことも検討するとよいと思います。

ダウンライトなど白熱球を使った照明の場合、光の加減を手元で調整するスライド式やダイヤル式の「調光機能付スイッチ」というものもあります。最近は白熱球やレフ球（白熱球の一部に反射材を蒸着して効率を高めた電球）はLEDに取って代わられつつあります。調光機能付きのLED電球はまだまだ種類も少なく価格も高価であるということ、白熱球・レフ球の供給は今後少なくなっていくということも踏まえて検討が必要です。

トイレなどで使われる「蛍スイッチ」というものがあります。おもに部屋の外側に設置されますが、スイッチ自体に小さなパイロットランプが付いていて、室内の照明が点いていれば消灯・消えていれば点灯することにより室内の様子を教えてくれるものです。

前述の納戸など、ドアを閉めてしまうと内部の様子がわからなくなるという部屋で室外にスイッチを点けてしまうと、照明の消し忘れなどが起こりがちですからこういった場合にも採用するとよいでしょう。雨戸やシャッターを閉めてしまうと外部の様子がうかがえなくなってしまうウッドデッキやテラスなど、屋外照明の室内側スイッチにも有効です。また、人の出入りに感応して点灯し、一定時間で消灯する熱センサ付スイッチなどの高機能なものも、玄関やトイレ・納戸などでよく使われています。

コンセントの注意点は、数と位置。リビング周りだけ見ても、テレビ・DVDプレーヤー・ケーブルテレビの受信機・オーディオ機器・無線LAN・お掃除ロボットのポート・エアコン・扇風機・電話・ファックス・スマホの充電器（家族の人数分）・PC・プリンター……と、限りがありません。

これを従来の2口×2か所の電源で賄うとなれば、多くの家庭でタコ足配線になるのもわかります。TVの裏には少なくとも4～6口分のコンセントを用意しておくことをお勧めします。

キッチン周りであれば、冷蔵庫のほかにも炊飯器、電子レンジ、オーブン、食洗機、コーヒーメーカー、コーヒーミル、ジューサー、電気ポットなど。

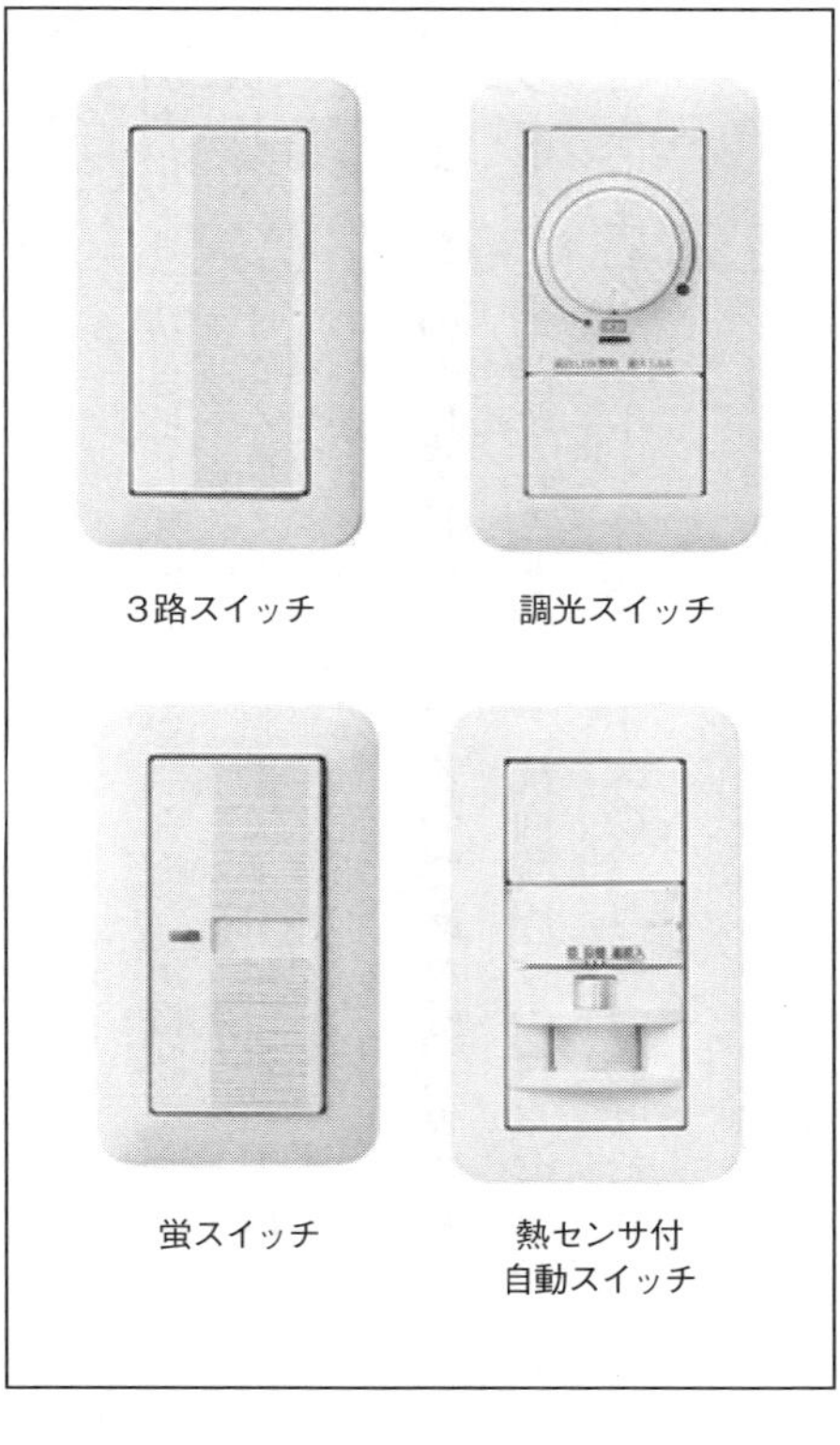

洗面所周りであれば、ドライヤー、シェーバー、電動歯ブラシ、髭トリマーなど充電系の電源が結構必要です。洗面台についているコンセントもありますがそこに挿しっぱなしというのは邪魔ですし、使い勝手でいえばそれぞれ別に電源を確保しておくのが得策です。もちろん洗濯機・乾燥機用のアース付電源も必要なことはいうまでもありません。

コンセントの位置については、エアコンや冷蔵庫（冷蔵庫・電子レンジなどはアース付を使います）は床から1800~2000㎜の高い位置になります。これも壁部分の有効幅と設置する機器のサイズによっては調整が必要ですが、床から200㎜程度の一般的なコンセントについても使い勝手を考えながら位置調整をすることも可能です。

例えば、高齢者の方であれば、掃除機の利用など抜き挿し頻度の高いコンセントは腰をかがめないで使える位置にするとよいでしょう。ペットのいたずらを防ぐという目的であれば、逆に普段プラグを挿しっぱなしのコンセントは位置を高くするのがいいかもしれません。充電のためにスマホが床に転がっていたり、コードが何本もぶらぶらしているのが見苦しいと感じるのであれば、カウンタースペースなどしかるべき場所を決めて、コンセントを増設することです。洗面所周りのコンセントもカウンター位置に合わせて、キッチン周りはキッチンセットや作業スペースの高さに合わせた方がよいでしょう。

建物外部では、給湯器の電源や浄化槽や受水槽といった施設がある場合に防水型のコンセントが設置されます。外部にフリーの防水電源をもう一つ用意しておくと、ガーデニングで機械を使った芝刈りや剪定作業を行ったり、外壁を高圧洗浄機で洗ったり、子供用プールに空気を入れるためのポンプをつなげたり、夕涼みの時に電子蚊取り線香を付けたり、車内の掃除機かけをしたり、何かと便利です。クリスマスやハロウィンの電飾デコレーションをしたいという方であれば必須アイテムでしょう。

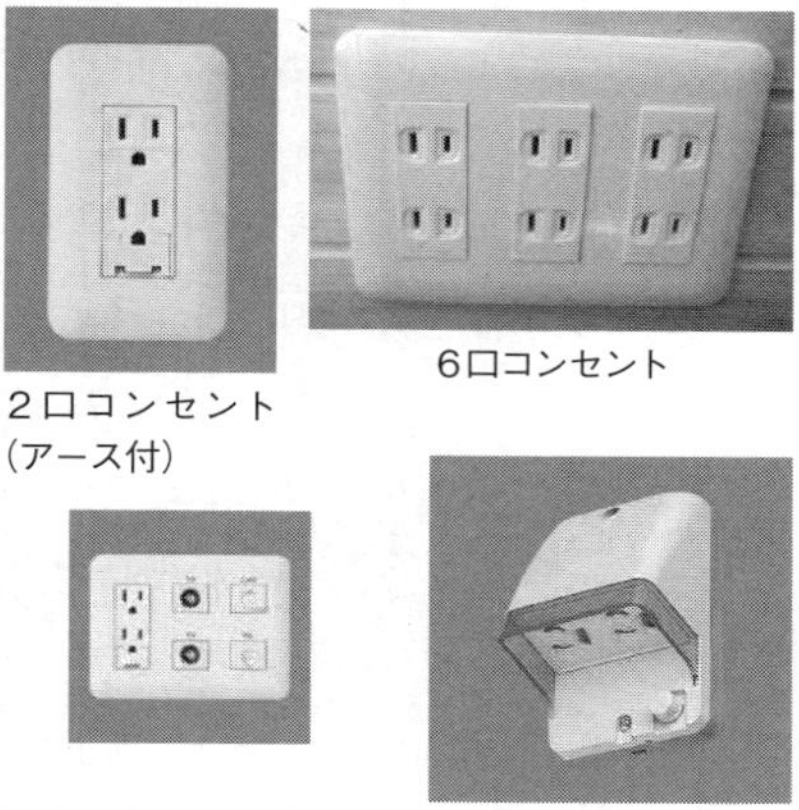

2口コンセント
(アース付)

6口コンセント

マルチメディアコンセント

防水コンセント

室内・室外の部材を違う場所で使わない

部材にはそれぞれ、室内用・室外用があります。耐候性の有無や安全性の違いなどの要素があるのでそういった使用部位の分類がされているともいえますので、デザインやカラーが気に入ったとしても違う部位の用途で使うことはお勧めできません。

例えば、外装木材に使う防腐剤入り塗料を室内の建具に流用して健康被害に遭うといったケースや、逆に室内用の塗料を外部に使用したことによって数年と経たずに塗装面がすべて浮き上がってしまったといったケースがあります。

また、エクステリアで使う表面仕上げの粗い石材をリビングの壁面に張り付けてしまい、ぶつけるたびに家具が傷つき、どこかしら怪我をし、最後には部材の重みを支えきれずある日剥落して下に置いてあった家財道具類と床材が破損したといったケースも。適材適所、部材にも使用のルールがあるということです。

優れた防腐性・耐候性を持った「キシラデコール」（屋外木部用）※キシラデコールインテリアファインという屋内用もあります。

色彩ラインアップ豊富な「ベンジャミンムーア」（屋内用）

流行りの設備だが自分に必要か

住宅設備の世界は、日々進化しています。トイレ一つ取り上げても、温便座・おしりの洗浄・乾燥・消臭・消音にとどまらず、自動で流してくれたり、便器を洗ってくれたり、ふたの自動開閉などなど新機能には枚挙にいとまがありません。

洗面所は自動的に鏡がせり出してきたり、キッチンは食洗機に浄水器はあたりまえ。手をかざすだけで水が出たり止まったり。足元からは温風が。玄関ドアは近づくだけでロックされたり解除されたり。外出先からエアコンをつけたり、お風呂のお湯を沸かしたり……どんどん住宅の家電化が進んでいるといっても過言ではありません。

あれもこれもと、そういった設備を付けていけば当然予算がアップします。50万円以上するトイレや１００万円近い洗面台、３０００万円を超えるキッチンだってあります。

そして、可動部分や機能が多ければ多いほど、そこには将来にわたる部品の交換・メンテナンスが付いて回ります。カタログやオプションリストを見ながら、あるいはショールームで現物に触れると気持ちの盛り上がる部分でもありますが、果たしてそれが自分の生活で必要かどうか、生活を豊かにするうえで必要かという視点で見直すと本当に欲しいものが見えてきます。

予算がある限りは、必要とする、そしてこだわりたい部分にお金をかけて、必要ではないあるいは、そこまで価値を感じないという部分は予算を削るという、優先順位を考えたメリハリをつけるとよいでしょう。

浴室一つとっても、防水・防滴テレビ、いろいろな所から吹き出すマルチシャワーパネル、ミストサウナ、ジェットバス、七色に光るライティングなんていうものまであります。

長風呂が楽しみという人であればこういったアメニティや半身浴用のレイアウトがされた浴槽などは有意義だと思います。一方、「風呂？ カラスの行水だよ」という人には必要ないかもしれません。

汎用性があり、使用頻度が高くなるものについては、いい選択になる場合が多いと思います。例えば、浴室乾燥機は雨の日などに緊急的に洗濯物を干したいときには有用なうえユニットバスをいつも乾燥させておくことができますので、設備の寿命を延ばします。

保温性の高い浴槽、キッチンで同時にお湯を出し

ポーゲンポール（独）
P7340キッチン
32,000,000円

LI×IL ルミシス 932,000円

LI×IL レジオ
542,000円

てもシャワーの温度や水圧が下がらない24号以上の給湯器、自動・半自動のお湯はり機能、すぐに乾く高機能のフロア材、自動フロ掃除機能などは、日々の生活のちょっとしたストレスを軽くしてくれるはずです。

省エネ・エコ設備

サスティナブル（持続可能）という言葉が、米国をはじめとした先進諸国で建築のキーワードとなって久しく、すっかり市民権を得ました。

住まいやオフィス、商業施設などで資源の再利用を進めたり、省エネ・エコ設備を導入したりという環境保護運動です。一般的な住宅では、節水型トイレにしたり、空気を混入させて水道使用量を削減する蛇口やシャワーヘッドにしたり、あるいは照明器具をＬＥＤに交換したりという簡便な方法に始まって、建物自体の高気密・高断熱化をはかったり、太陽光発電やコージェネレーション（熱電併給）システムを採用したり、また、こういった受発電の管理・コントロールを行うためのＨＥＭＳ（Home Energy Management System）を合わせて導入し、スマートハウス化するということが幅広くおこなわれています。

こういった、省エネ・エコ設備には補助金が用意されている場合も多く、日々の電気代の節約にもなりますので経済的と考えられていますが、実際は設備投資に対してどの程度の売電収入が得られるか、あるいは水道光熱費のコストダウンをはかれるかという視点で見なければ、本当の意味での経済効果は測れません。

あるいは、屋根の上に重量物であるソーラーパネルを不用意に設置すると屋根の防水性能を低下させたり、建物に必要以上の荷重を与えてしまう可能性が高いこと、夜間の電気利用を考えた場合には蓄電システムとセットにする必要があること、コージェネレーションシステムを稼働させるにあたっては低周波騒音が発生し隣地に被害を出す可能性があること、などはあまり知られていないかもしれません。

とはいえ、サスティナブルな社会の構築に貢献したいということであれば、費用対効果的な部分で論じるのはナンセンスかもしれません。できるところから取り組めることもたくさんあります。

太陽光発電

エコキュート

エコジョーズ

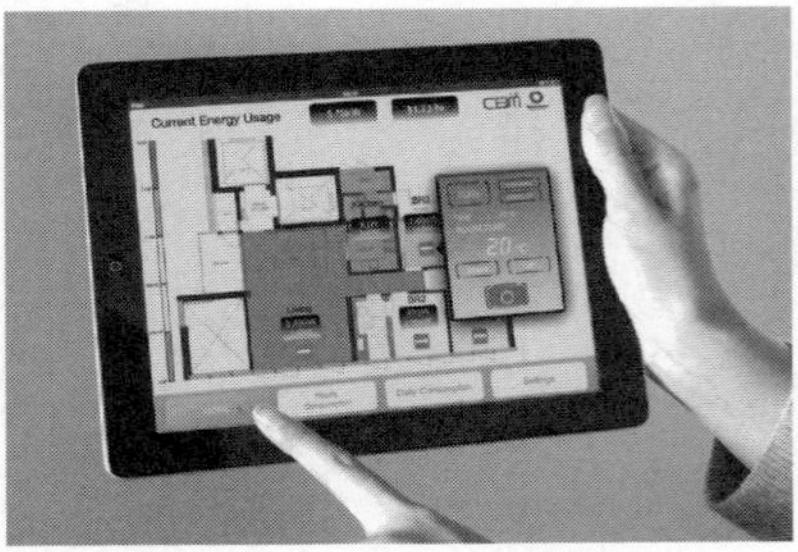

スマートハウス

窓のチョイス

窓も、意外と選択で悩む部材です。選ばないといけないのは……

⑴サイズと位置

まず、統一されたサッシ窓サイズの見方を解説します。平面図を見ると、ＵＤ０６９０９とか、Ｈ１６５１８とか窓の位置に書いてあります。

これは、「ＵＤ＝上げ下げ」・「Ｈ＝引き違い」そして、最初の３ケタが窓の幅（10㎜単位）次の２ケタが、窓の高さ（１００㎜単位）です。ＵＤ０６９０９であればＷ（幅）６９０㎜×Ｈ（高さ）９００㎜の上げ下げ窓、Ｈ１６５１８であれば、Ｗ１６５０㎜×Ｈ１８００㎜の引き違い窓ということです。取り付ける開口部よりもサッシは一回り小さくなりますから「０６９０９」であれば、Ｗ７３０㎜×Ｈ９７０㎜の開口部に、「１６５１８」であればＷ１８９０㎜×Ｈ１８３０㎜の開口部に取付けということです。

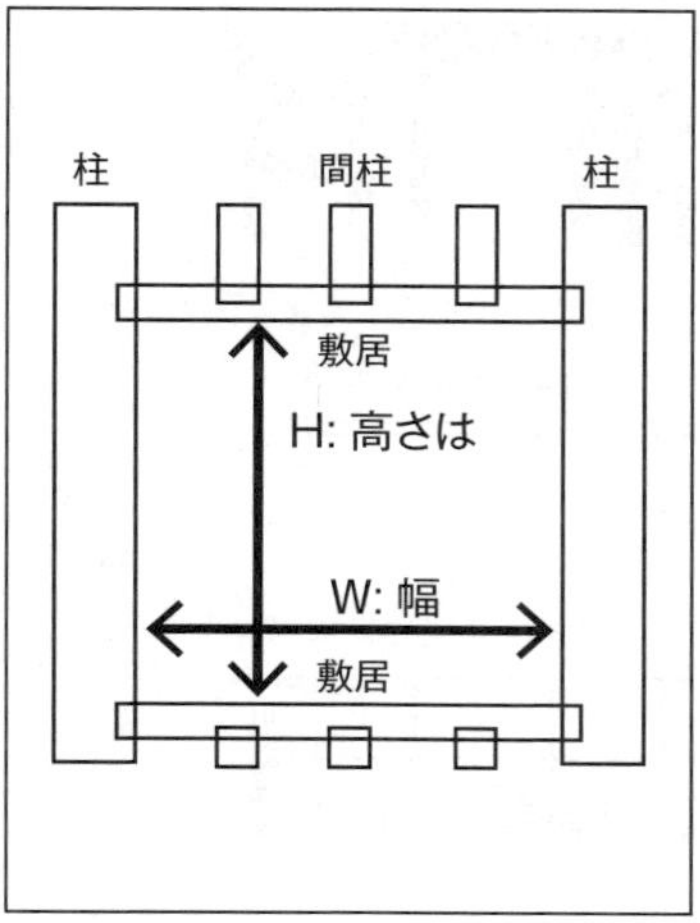

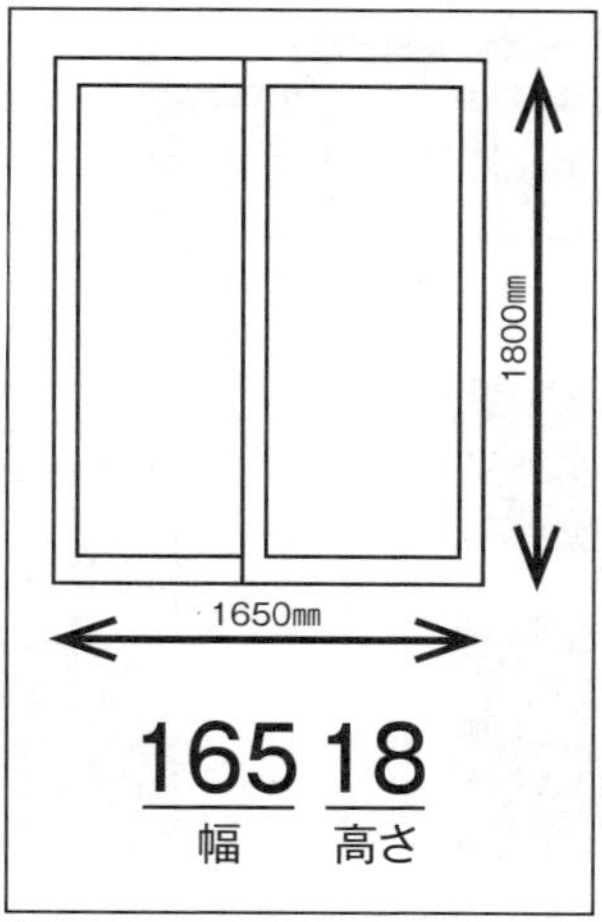

大きさと位置は、「室内外のその位置に何を置くか」ということに影響を受けます。

ついつい、窓は大きく取りたくなりますが、前述のように窓があるということは壁が無くなるということですから、例えば、外から覗かれたくない、家具や収納を配置したい、設備を設置したいといったことを先に検討しないと、失敗したと後悔することになります。

例えば、エアコンの室外機がくる場所、あるいは室内側にソファやダイニングテーブルがくる場所であれば掃出し窓ではなく、床から1000㎜程度の高さに腰窓を配置した方がすっきりするかもしれません。16509（幅1650㎜×高さ900㎜）の窓にすれば、天井から

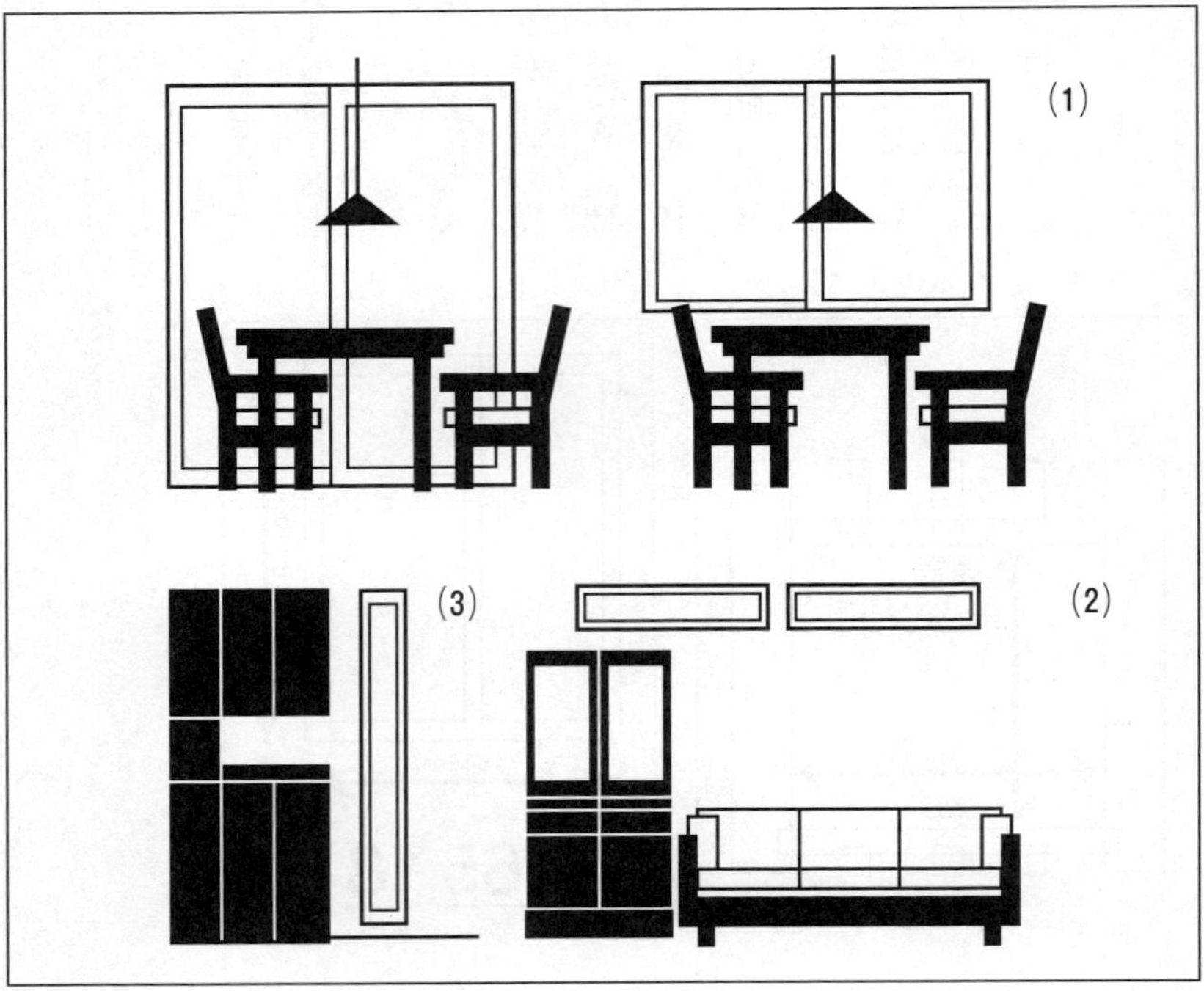

４００㎜程度の位置まで壁が確保できバランスもとれます。⑴

高さ１８００㎜程度の棚を並べてその上から採光を取りたいということであれば、天井までの距離は一般的には６００㎜しかありませんから１６５０３（幅１６５０㎜×高さ３００㎜）の細長い高窓にするとよいでしょう。⑵

玄関ホールなどからスリット状に庭などの景色を切り取りたいときには、０６０２０（幅６００㎜×高さ２０００㎜）のフィックス窓、明かり取りだけであれば、０２６２０（幅２６０㎜×高さ２０００㎜）を１本または２本とかでも良いでしょう。⑶

寸法	H＝高さ（㎜）	370	570	770	970	1170	1370	1570	1830	2030	2230
W＝幅（㎜）	呼称	03	05	07	09	11	13	15	18	20	22
300	026	-	02605	02607	02609	02611	02613	02615	02618	02620	-
405	036	03603	03605	03607	03609	03611	03613	03615	03618	03620	03622
640	060	06003	06005	06007	06009	06011	06013	06015	06018	06020	06022
730	069	06903	06905	06907	06909	06911	06913	06915	-	-	-
780	074	07403	07405	07407	07409	07411	07413	07415	07418	07420	-
845	080	08003	08005	08007	08009	-	-	-	-	-	-
870	083	08303	08305	08307	08309	08311	-	-	-	-	-
1185	114	-	11405	11407	11409	11411	11413	-	-	-	-
1235	119	11903	11905	11907	11909	11911	11913	-	-	-	-
1320	128	12803	12805	12807	12809	12811	12813	-	-	-	-
1370	133	13303	13305	13307	13309	13311	13313	-	-	-	-
1540	150	-	15005	15007	15009	15011	15013	15015	15018	15020	-
1640	160	-	16005	16007	16009	16011	16013	16015	16018	16020	16022
1690	165	16503	16505	16507	16509	16511	16513	16515	16518	16520	-
1800	176	17603	17605	17607	17609	17611	17613	17615	17618	17620	-
1845	180	18003	18005	18007	18009	18011	18013	18015	18018	18020	-
1900	186	18603	18605	18607	18609	18611	18613	18615	18618	18620	-
2550	251	-	-	-	-	-	-	-	25118	25120	-
2600	256	-	-	-	-	-	-	-	25618	25620	-
2850	281	-	-	-	-	-	-	-	28118	28120	-
3510	347	-	-	-	-	-	-	-	34718	34720	-
3700	366	-	-	-	-	-	-	-	36618	36620	-
3810	377	-	-	-	-	-	-	-	37718	37720	-

(2)性能

窓の性能は、法的な制限で選択せざるを得ないものと、任意で採用するものと二つに分かれます。

防火地域・準防火地域に建てられる木造建築物は、隣地または、道路中心線から1階部分は3m、2階以上は5m以内にあたる部分にある窓には、「防火認定を受けた窓」を使用するか、「防火シャッター」を設置するという法制限がありますので、基本的にシャッター無しの窓にはガラスの中にピアノ線が入ったアルミサッシを使うことになります。ただし、製品によってはピアノ線なしや、樹脂製枠、木製枠などで防火認定を受けたものもありますが、価格はただでさえ割高な防火認定窓よりもさらに高くなります。

ちなみに、ピアノ線入りのガラスは、一見普通のガラス(フロートガラス)よりも強度がありそうに見えますが、実際はピアノ線の分だけ断面欠損が多く、強度では劣ることはあまり知られていません。ただし、火災時に炎の熱で割れたときにも一気に砕け散ることが無く類焼を防ぐという部分では強度が優れていると

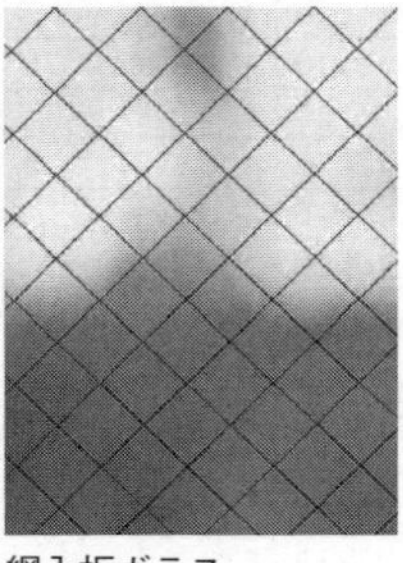

網入板ガラス

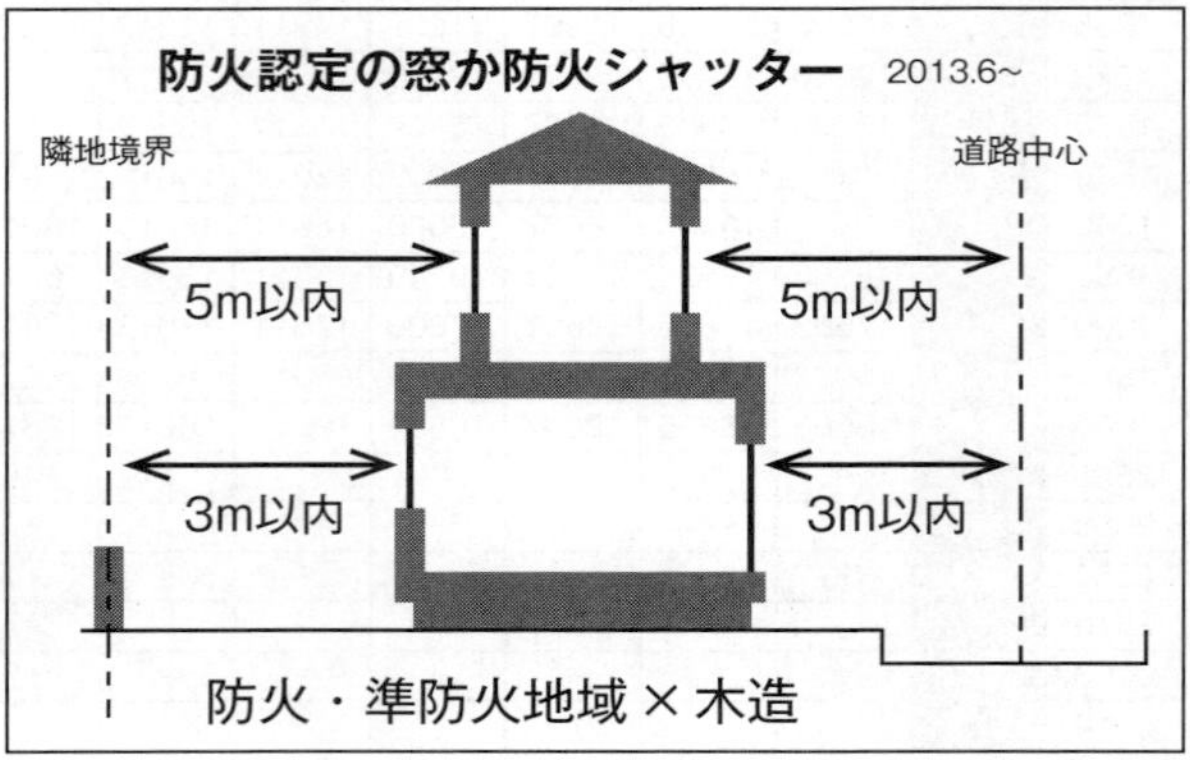

はいえます。また、通常使用時には、ガラス面の一部に影ができる配置であったり、濃色のシールが張られたりして部分的に太陽熱などが集中した場合、ガラスと金属の熱膨張率の違いから自然にヒビが入ってしまう「熱割れ」という現象を起こすことがあります。

防火以外で窓に求められる性能は、大きく分けて「断熱」と「遮音」、そして「強度」。

断熱性をあげるためには、二重ないし、三重の複層ガラスの採用が効果的です。あわせて、サッシ内側の枠を樹脂や木質として結露を防いだり、特殊な金属のフィルム層を形成して遮熱・断熱をはかるＬｏｗ－Ｅガラスも多くの省エネ住宅で採用されています。

ただし、サングラスみたいな色付きの窓になってしまいますし、窓越しの日向ぼっこをしたいような冬場でも、お日様の暖かさが室内にもたらされないという高性能ゆえの問題もありますので、よく検討されるとよいでしょう。

変わり種としては、複層ガラスのバリエーションとして、ガラス内部にブラインドが組み込まれているものなどもあります。

そして、もう一つは遮音性能。

二重ガラスも単板ガラスに比べれば、ガラス層が多い分、それなりに遮音性能が高くなりますが、本格的に遮音を求めるならば、室内側にもう一つ窓を設けて（専用のものがあります）二重サッシにすると効果が大きくなります。

クレセント（半回転させて施錠する金具）の代わりに大きなレバーハンドルでガッチリとサッシの

隙間を閉める防音窓も遮音効果が高い窓です。

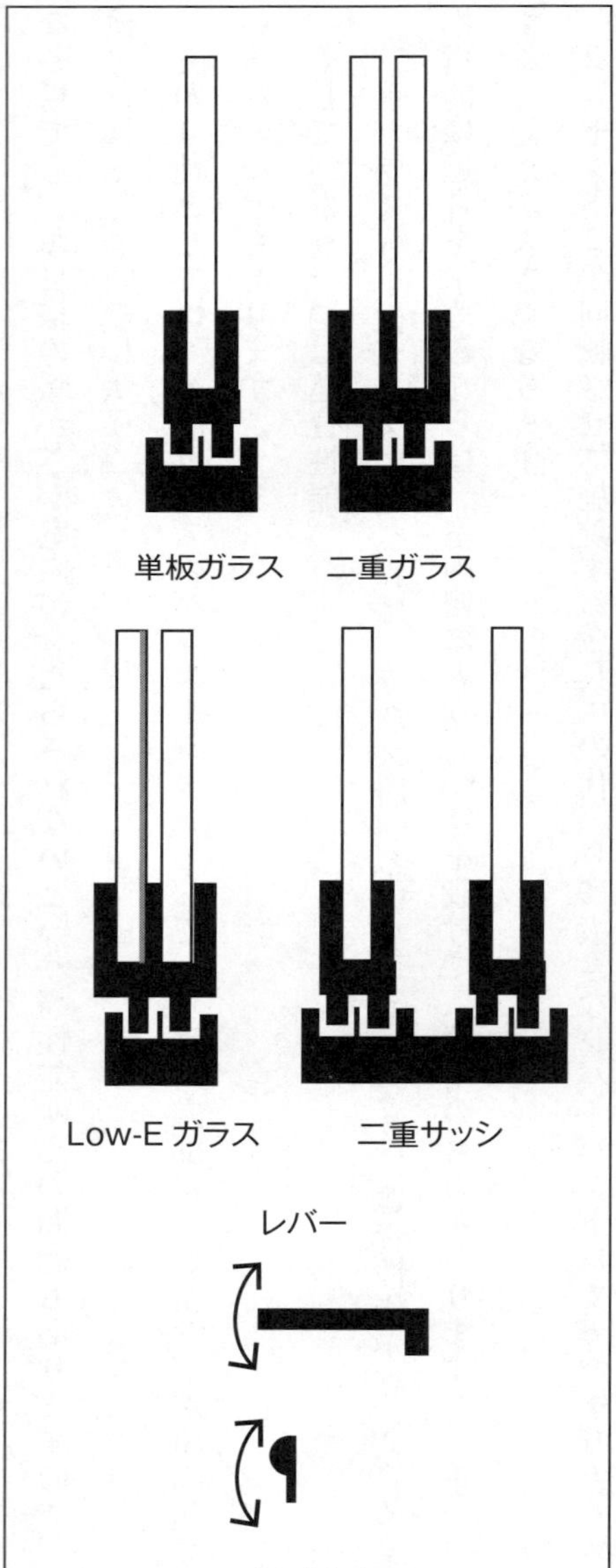

最後に強度。防火性能のところでも述べましたが、普通の板ガラスよりもピアノ線入りのガラスがどの程度強度が弱いかというと、前者の強度係数1・0に対し0・8となります。

防犯性能を求める場合は、耐衝撃、耐風圧に加え、耐貫通性能を備えたものを選択するか、そういった性能を付加する防犯フィルムを施工する必要があります。

対象となる製品には、警察庁公示のCP（Crime Prevention＝防犯）マークがついていて、5分間はガラス面を破られ鍵を開けられてしまうという事態から守られる、という性能が認められています。

⑶ガラスの透過性（透明か半透明か）

透明なガラスで外を見通したい場合と、中を覗かれたり、外の様子が目に付くのがいやな場合、そしてそれが時々であって継続的ではない場合があります。

時々なら、透明ガラス×カーテン・ブラインド等の幕ということで解決しますが、明かりは欲しいが、内外の様子は見えないようにしたいという場所にはすりガラスか型ガラスを使用します。前者はもともと透明なガラスを薬品や機械で加工してざらざらにしたもの。後者は表面がデコボコの型に流し込んで成型したガラスです。乱反射するほど、見えにくくなるため、一般的には型ガラスが使われることが多く、おもにトイレや浴室、階段室など、あるいは、「境界線から1m未満の距離において他人の宅地を見通すことのできる窓又は縁側（ベランダを含む）を設ける者は、目隠しを付けなければならない」（民法235条1項）と、決められていますので、隣地に面した居室の窓などにも使われます。

浴室やトイレが、見晴らしの良い位置にあって景色を眺めながらのんびり風呂に浸かりたいとか、用を足したいということであれば、わざわざ型ガラスにする必要もありません。

こういったことは、なかなか気付かず、機械的に振り分けてしまうことが多いので、あとでこうしておけばよかったということにならないよう、隣の建物との位置関係なども踏まえながら「どう住むか」ということを考えてください。ただし、後でガラスを入れ替えることは特殊なガラスでない限りは比較的容易に行えます。

シンガポール中心地に建築中の高級分譲マンションの見晴らしの良いトイレ

CP（防犯）マーク

(4)窓の種類と開き方

窓の種類は、主にその開き方によって13種類に分類されます。

求める効果や、制限によって最適な窓を選ぶためにもそれぞれの特徴を知っておくとよいでしょう。

①引違い窓

最も一般的なスライド式の窓です。サイズ、バリエーションが豊富でメンテナンスもラク。雨戸や網戸、シャッターなどの組合せがしやすいのが特徴です。

床から建てつけ、往来可能な引違い窓を「掃出し窓」、床から1m程度の高さの窓を「腰高窓」、天井近くの高い位置にあれば「高窓」、床近くの低い位置にあれば「地窓」。

明かり取りを主目的として、家具の置き場も確保したい場合は「高窓」を、和室などで、家具が少なく、坪庭や隣家との間のちょっとしたスペースに作った庭を、視界に切り取り座ったり腰かけたりした状態で眺めたいのであれば「地窓」を選択します。

開き方は交互にスライドする「引違い」のほかにも、振り分けで全開口できる「引分け」、片側がフィックスの動かないガラスで、もう片側だけがスライドする「片引き」があります。「引分け」は両側の壁に戸袋を付けるか、開いた状態の窓が収まるスペースを確保しないといけないので、エアコンのスリーブ穴、室外機、照明などと干渉しないような計画が必要です。「片引

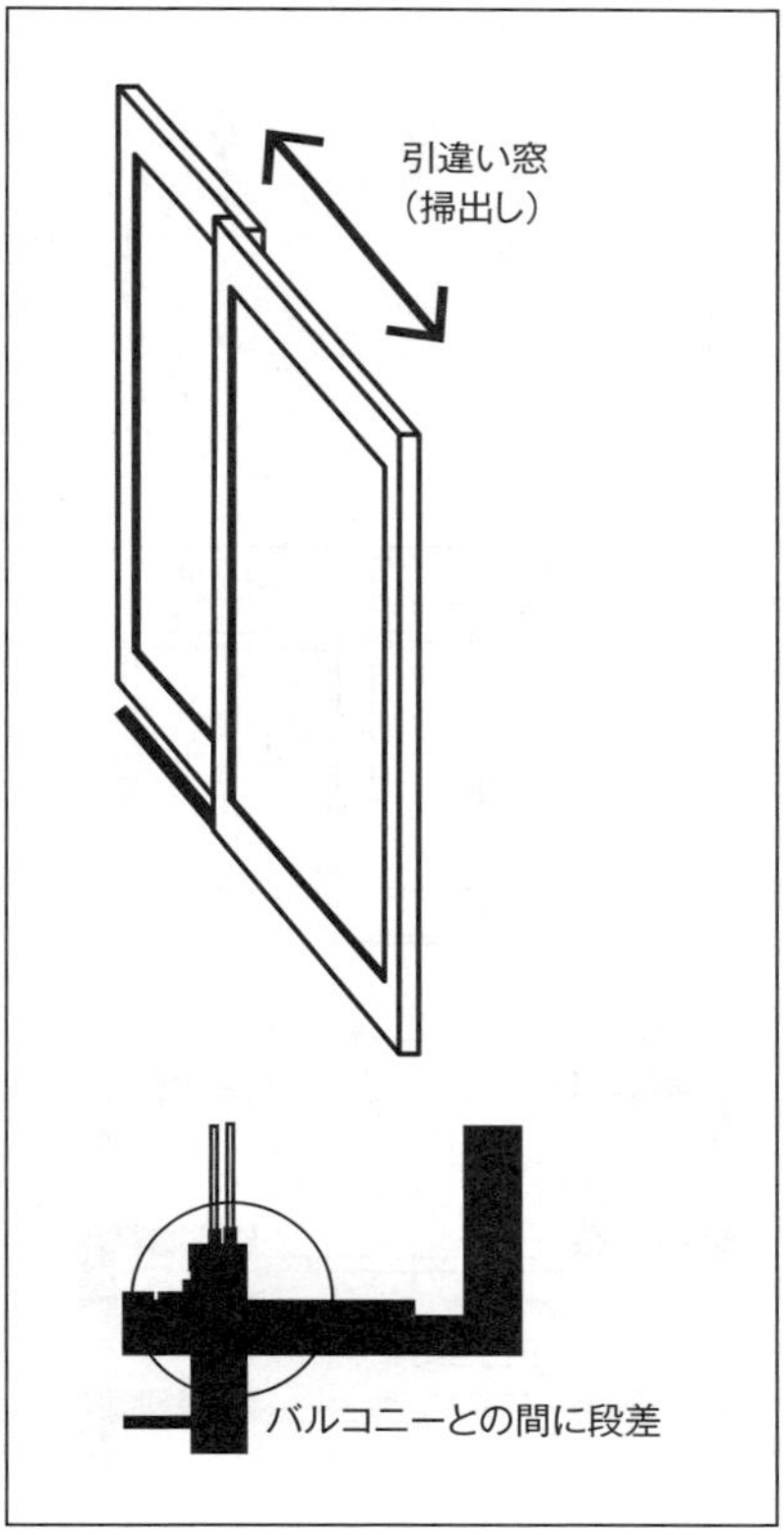

き」は輸入住宅などのスライドドアでは標準的な仕様ですが、出入りする位置が決まってしまいますので、どちら側に動線をとるかということをよりシビアに考える必要があります。

また、２階のバルコニーに出るための掃出し窓は、水の浸入を防ぐために（雨仕舞といいます）床から１００㎜程度上がったところに敷居がきますので、思っている高さよりも若干低いサイズのサッシを使うことになります。これを解消したい場合は、バルコニーの床面を調整して十分な排水経路を取るなどの方法がありますが、建物の他の部分への影響や、収まりなどを十分に検討する必要があります。

②ルーバー窓（ジャロジー）

水平に重なった複数の細長いガラス板のルーバーを、ハンドル（又はチェーン）操作で開閉する窓です。角度を変えることによって通風の調整ができ、

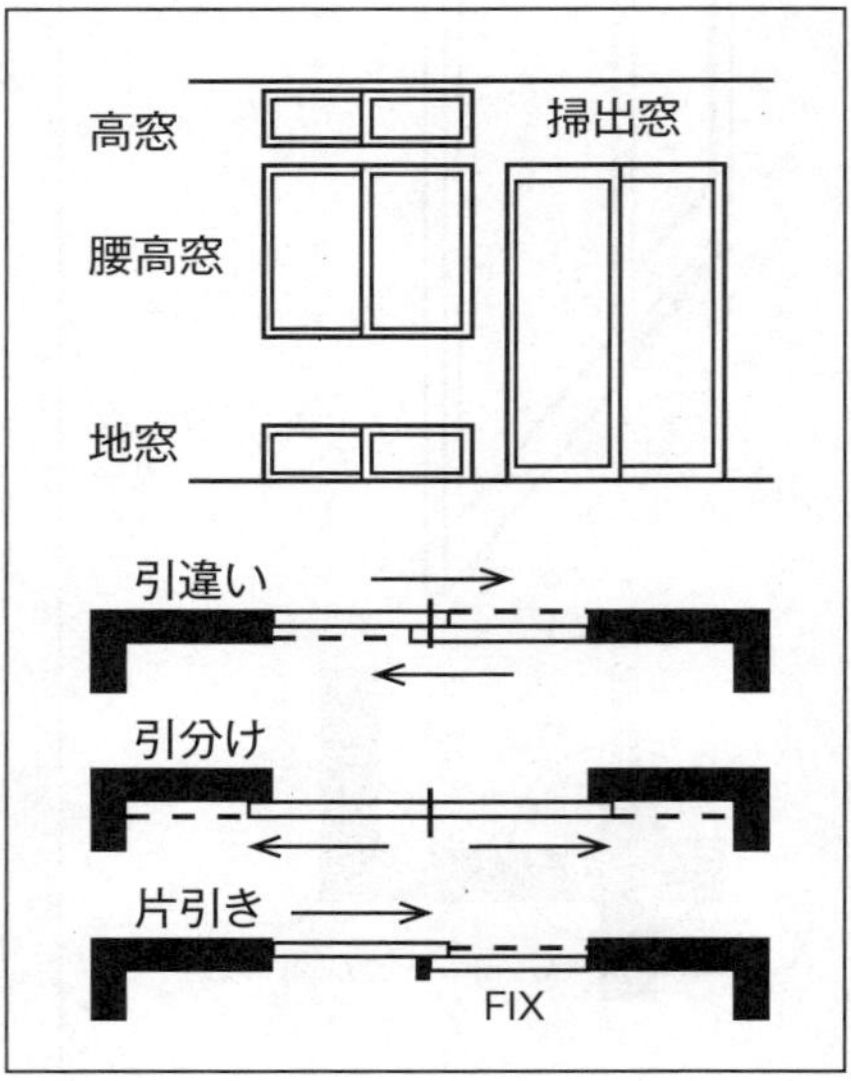

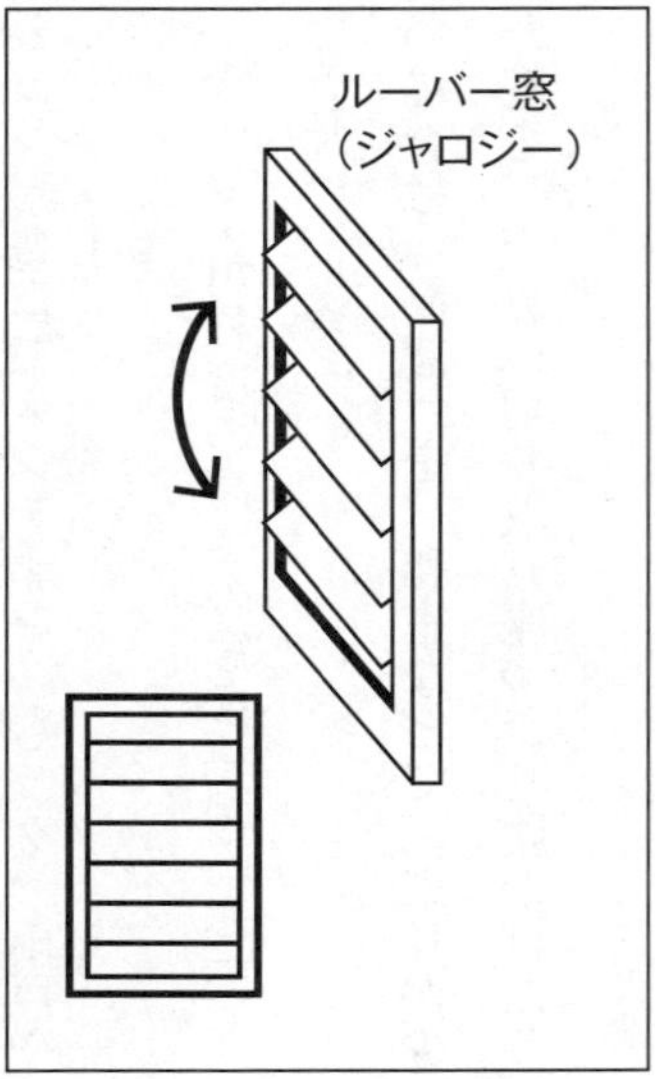

全開口と同様の風を通すことも可能です。浴室・洗面所・キッチン・納戸など、常時通風や換気が必要な場所によく使用されていますが、気密性能が低いので高気密住宅などではあまり使われません。
また、ルーバーの強度があまりなく、防犯性能は低いといえます。

③オーニング窓

ジャロジーに似ていますが、一枚一枚がガラス板ではなく、それぞれが枠付きの窓になっていて、ルーバー窓の弱点である気密性能、防犯性能を満たした窓です。

上下に並んだ複数の窓が同時に開閉し、ジャロジー同様、角度を変えることによって通風を調節することができます。

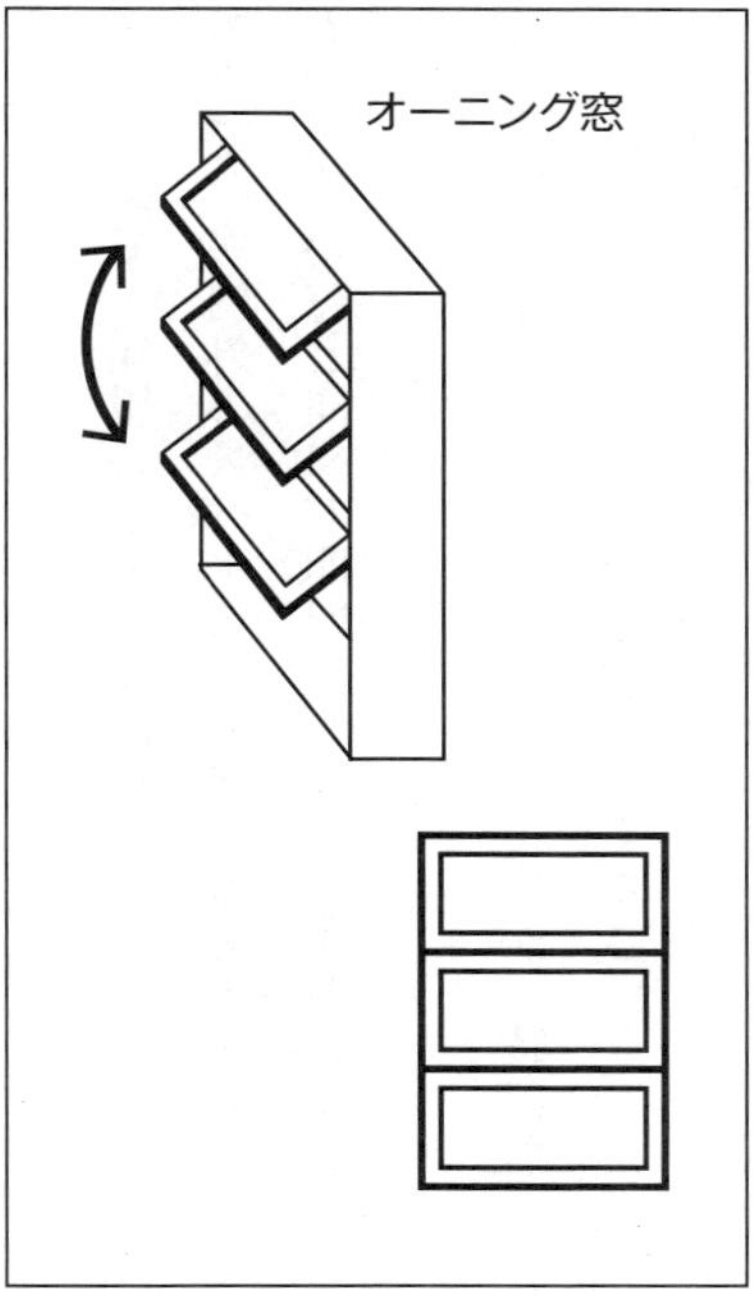

④上げ下げ窓（ハングウィンドウ）

２枚の窓を上下にスライドさせて開閉するタイプの窓で、洋風の仕上がりになります。引違い窓と同様、開閉が壁の厚みの中で納まるので、室内外のスペースを確保する必要がありません。気密性も高いのが特徴です。ただし、これも、引違い窓と同様、開口部が半分しか取れませんので、窓自体の通風はあまり期待できません。

また、片方だけがスライドするタイプと、２枚ともスライドするタイプがありますが、特に前者は掃除が大変です。手前に倒すことができるなど、これを解決したものを選択してください。

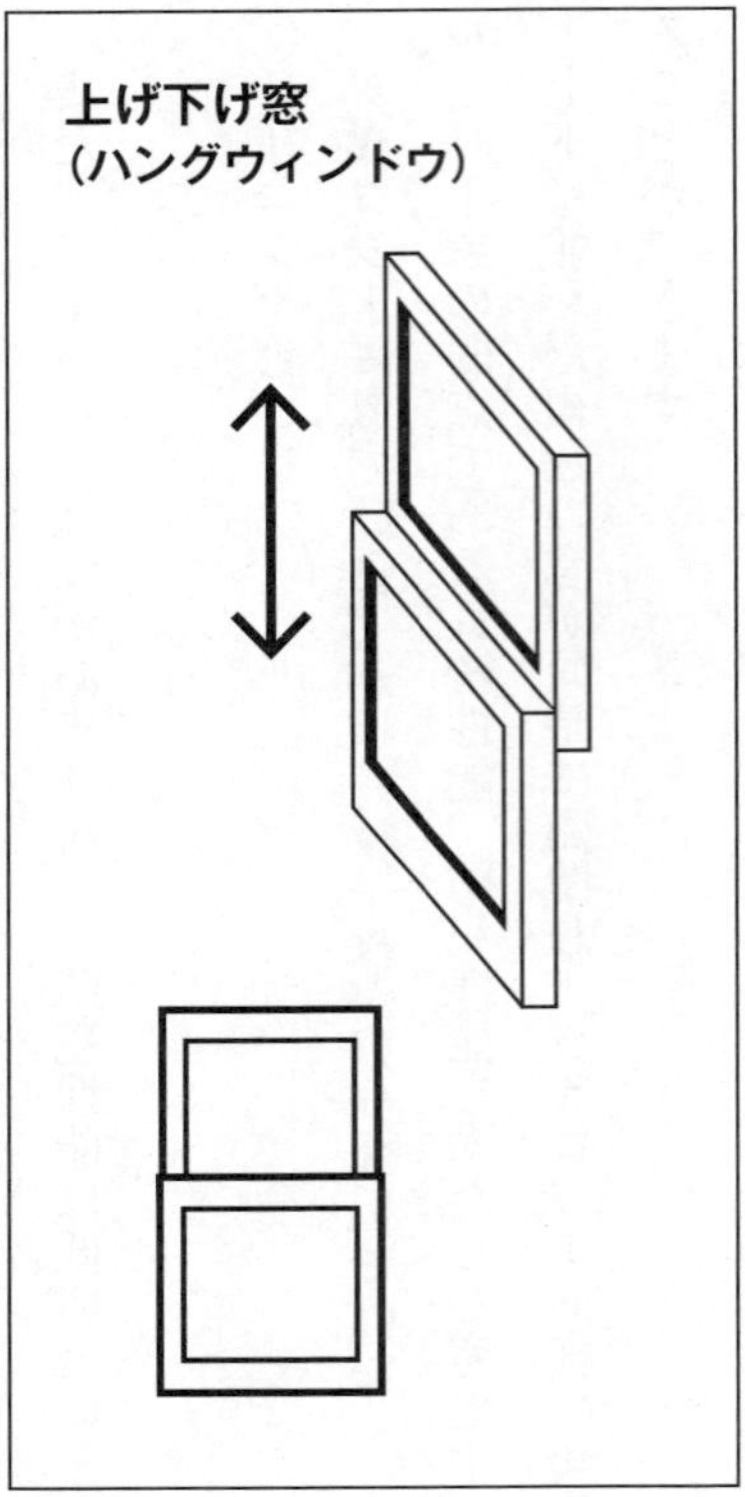

⑤滑り出し窓（よこ滑り出し窓）

上部が吊元（＝ヒンジの部分）になっていて外に滑り出す窓を「よこ滑り出し窓」といいます。蔀戸（しとみど）といって、室町以前の日本では最もポピュラーな窓でした。滑り出した窓が、庇の役割をはたして雨天に開口したままでも雨水が吹き込むことなく通風することができます。ただし、窓の外部の掃除がしにくいので、そのあたりの対策をきちんと考えて計画しておくことが必要です。

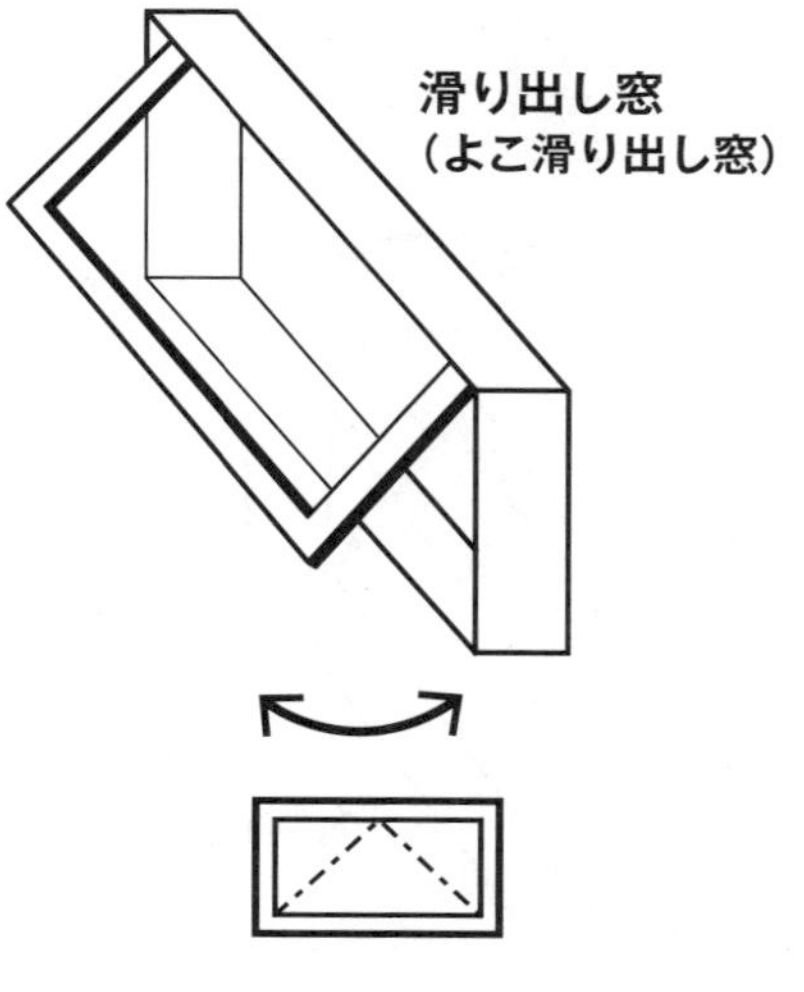

⑥滑り出し窓（たて滑り出し窓）

横が吊元になっていて外に滑り出す窓を「たて滑り出し窓」といいます。窓全体が開口し、開いた窓が風をとらえますので、非常に良好な通風を得ることができます。ただし、これも同じく、窓を連続させるなどの外側の清掃対策が必須です。また、外部に窓が出るということは、その分のスペースが必要ということでもありますので、人の歩行の妨げにならないか、設備や境界フェンスなどに干渉しないかという検討もしないといけません。

全開口できる窓ゆえに、防犯上の不安がありますが、半開状態でそれ以上開かないようにするストッパー付きのものもあります。

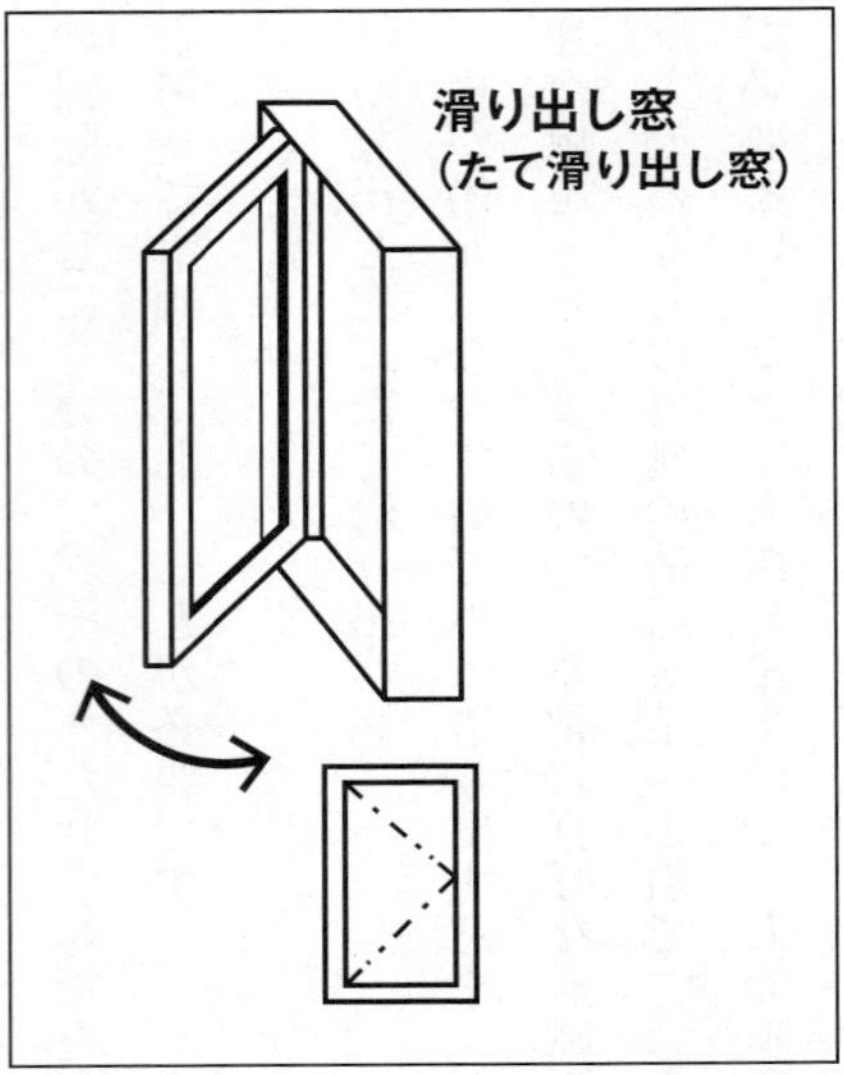

⑦内倒し窓

よこ滑り出し窓のヒンジ部分が下部にあり、さらに室内側に開くというバリエーションです。水回りの天井近くや手の届きにくい場所に使われます。また、窓の重みで一気にバタンと開くようにもできますので、排煙窓にもこの窓が使われます。

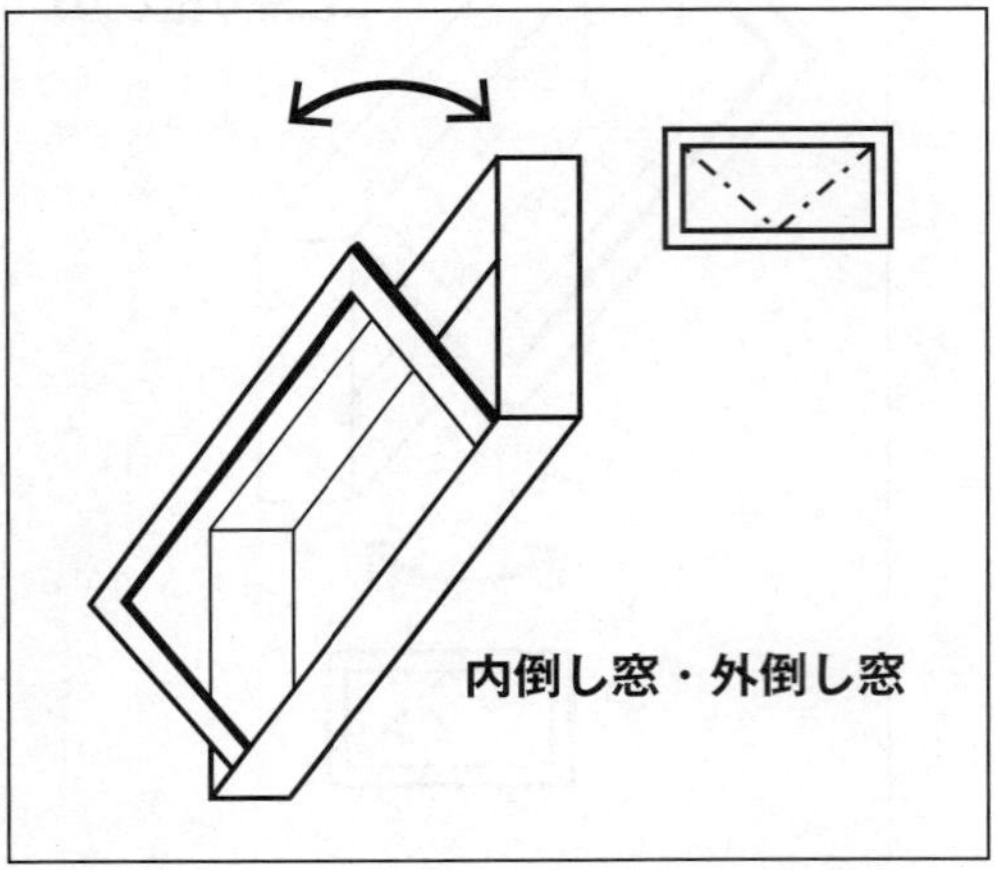

⑧両開き窓

たて滑り出し窓を二つ組み合わせ、観音開きにしたバリエーションです。輸入住宅などでよく使われます。

⑨回転窓

滑り出し窓の変形で、窓の片側にヒンジを付けるのではなく、窓の中央に回転軸を配しくるっと窓が回転するようになっています。全開口、風の導入による高い通風性能・高い気密性など滑り出し窓の利点を備え、なおかつ掃除もしやすい高性能な窓です。

ただし滑り出し窓よりも価格は高く、また網戸が取り付けづらいという難点もあります。

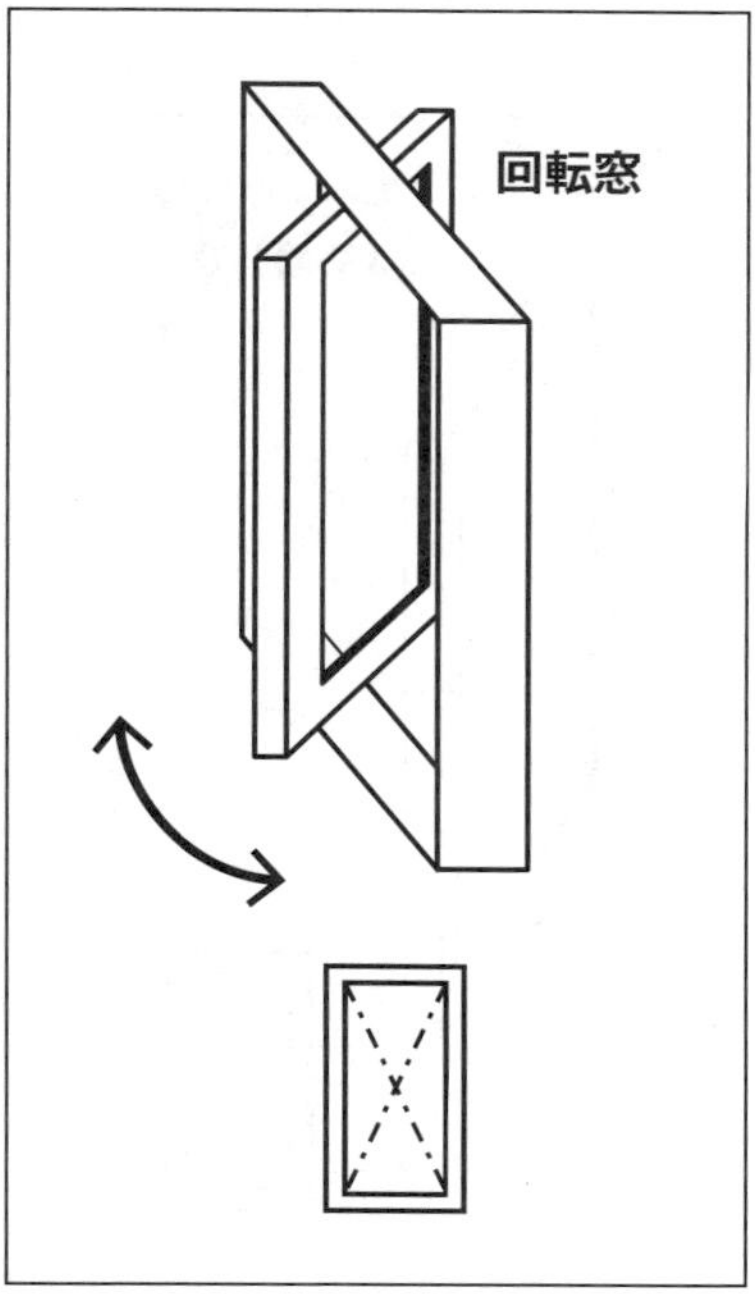

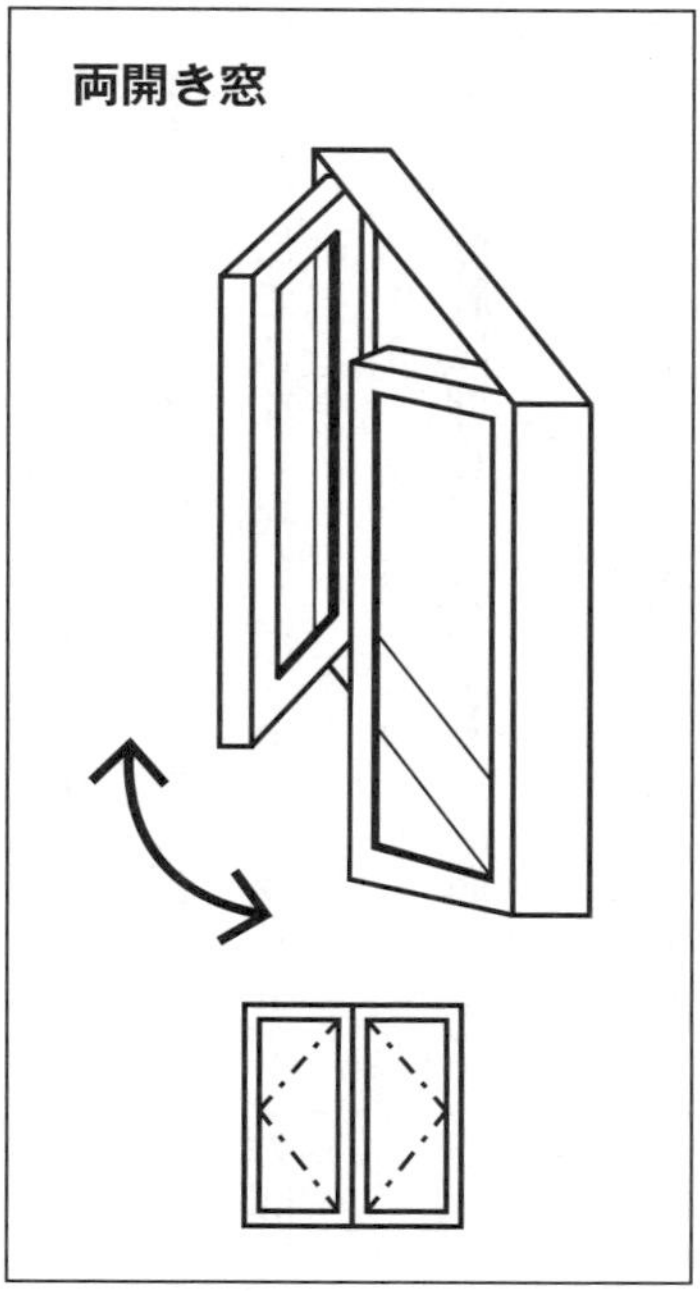

⑩フィックス窓（はめ殺し窓）

開閉できないガラス窓で、採光が主な目的の場合に採用されます。

可動しないことから、丸型・正方形・スリット型・超小型など様々なタイプがあり、組合せなども含めてデザイン的に使用されることもあります。ただし、これも開口しないゆえ、外部の清掃についての配慮が必要です。

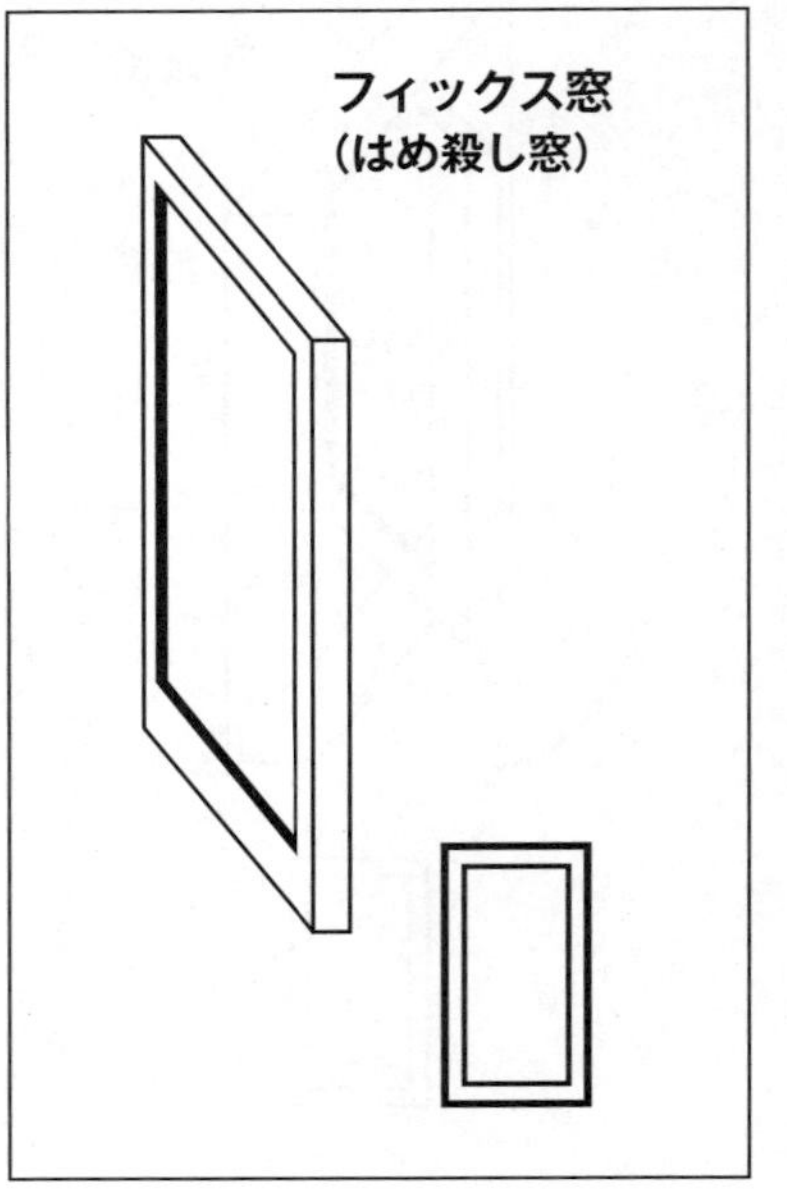

⑪トップライト（天窓）

採光ということでは、直接空から光を取り込むトップライトにかなう窓はありません。建築基準法でも、一般の窓の3倍の採光計算をすることができます。隣地からの距離が短かったり、3階建の1階部分だったりして居室の必要採光面積を確保できない場合に、トップライトでこの問題を解決する手法がしばしば採用されます。

北側や東側の日当たりの悪い居室や、どうしても暗い位置に押しやられがちな洗面所などにトップライトを付けるとても明るい感じになります。

逆に言えば、南側や西側に付けると、特に夏場には必要以上の日射を建物内に入れてしまうことになります。日影をどうやって作るかということを含めて計画するようにしてください。

トップライトには固定式と開閉式がありますが、どちらにしても屋根に穴をあけることには変わりありませんし、温度変化も壁面の比ではありませんので、雨漏りや結露の原因になりやすいということも指摘しておきます。

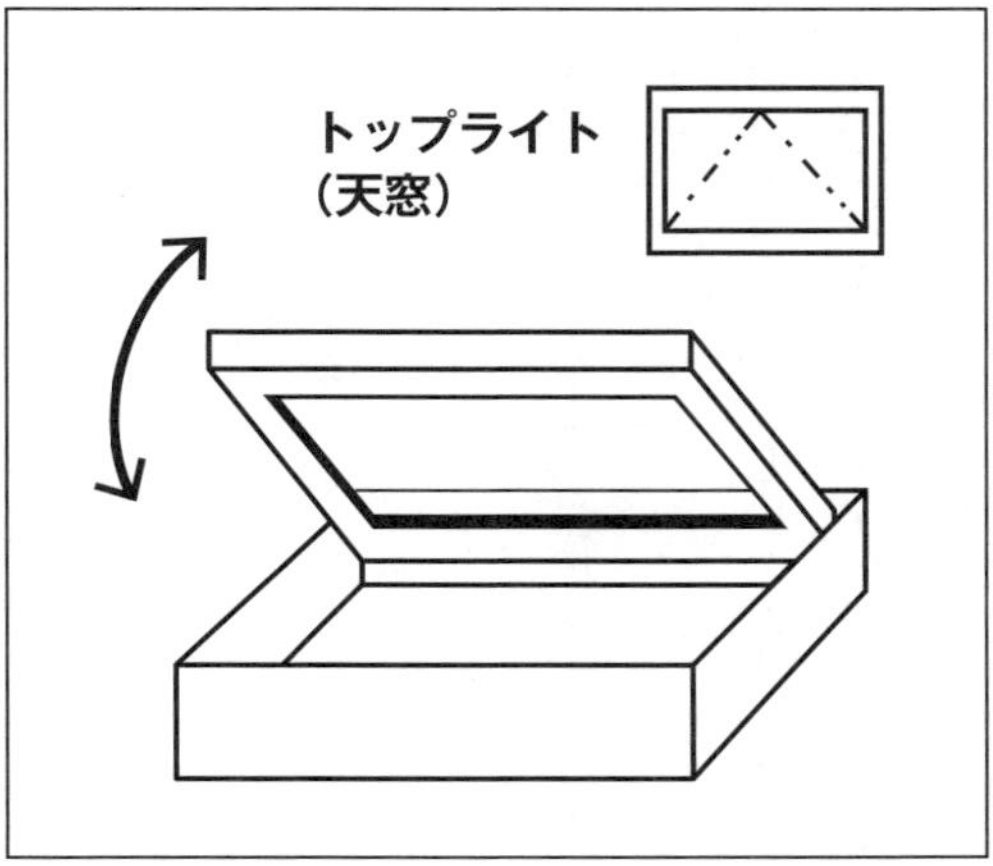

⑫出窓

外に突き出した窓全般を「出窓」といいます。

台形を始めとして多角形のものを「ベイ・ウィンドウ」、弓形に窓を配したものを「ボウ・ウィンドウ」と呼びます。室内側を広く使えるのが魅力です。また下部を収納にすることもできますし、窓台を飾り棚とすることもできますので、リビングやダイニングに使われることが多くあります。建物の角に配した出窓を「コーナー出窓」といいますが、四隅に構造壁が必要な2×4工法をはじめとしたパネル工法では基本的に付けることができません。木造軸組み工法であれば可能ですが、建物にとって重要な角の部分に筋交をいれることもできず、柱1本で持たせないといけないので、耐震性能はやはり落ちてしまいます。

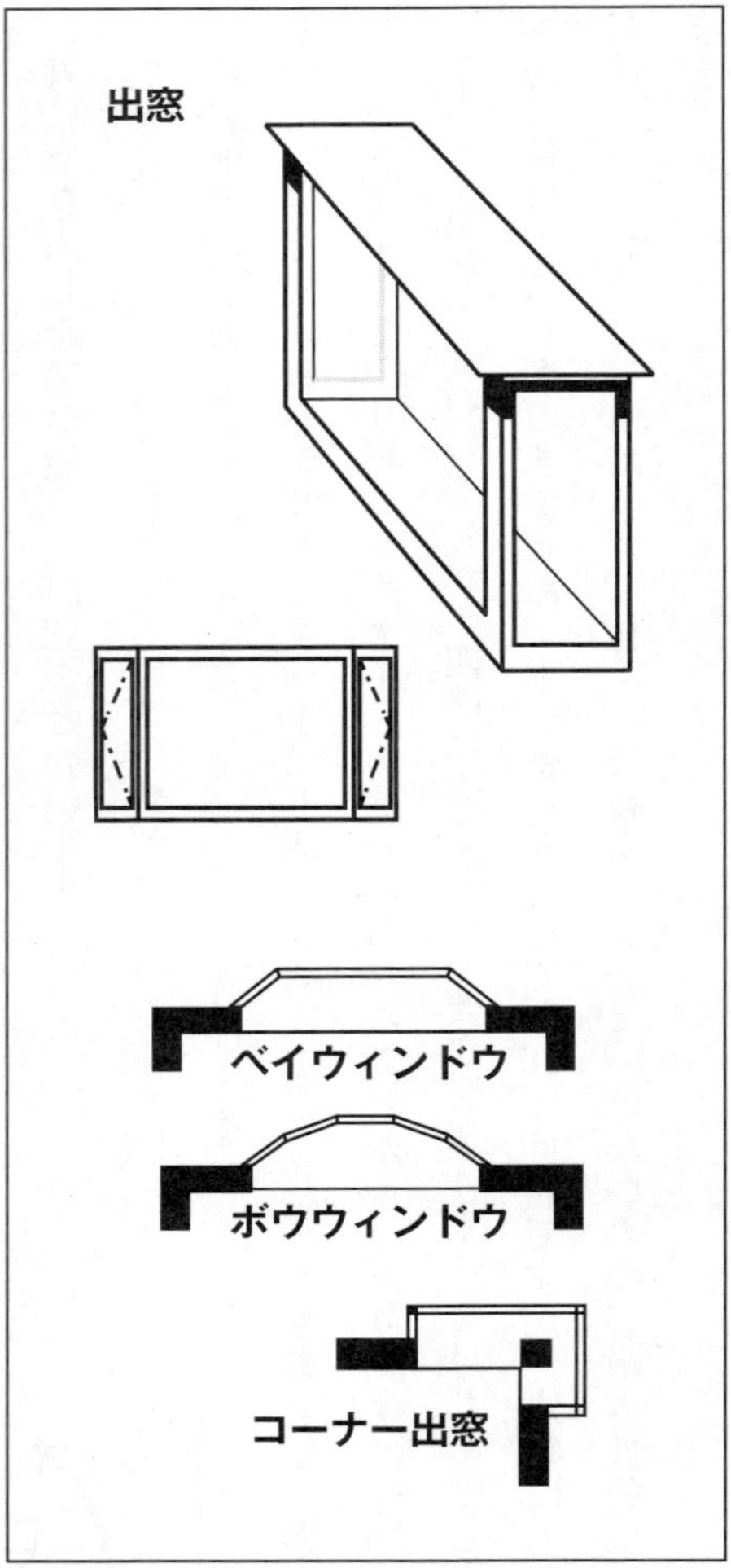

⑬全開口窓（折りたたみ式）

折れ戸の連続で、大開口部をとれる掃出し窓です。

花屋さんやカフェなど店舗でよく使われますが、リビングとデッキ・テラスなど外部のスペースとの一体化を図りたいときなど、住宅でも使われることが増えてきました。

ただし、外に折れ戸が出ることから、外部に雨戸やシャッターを付けることが難しいのが難点です。店舗であれば、お店から出た後に窓を閉めて外からシャッターを下ろすことになりますのでいいのですが、住宅の場合は中から窓を閉めなければいけないので物理的に不可能なのです。電動シャッターにすればこの問題は解決しますが、故障や停電の際には困ることになります。

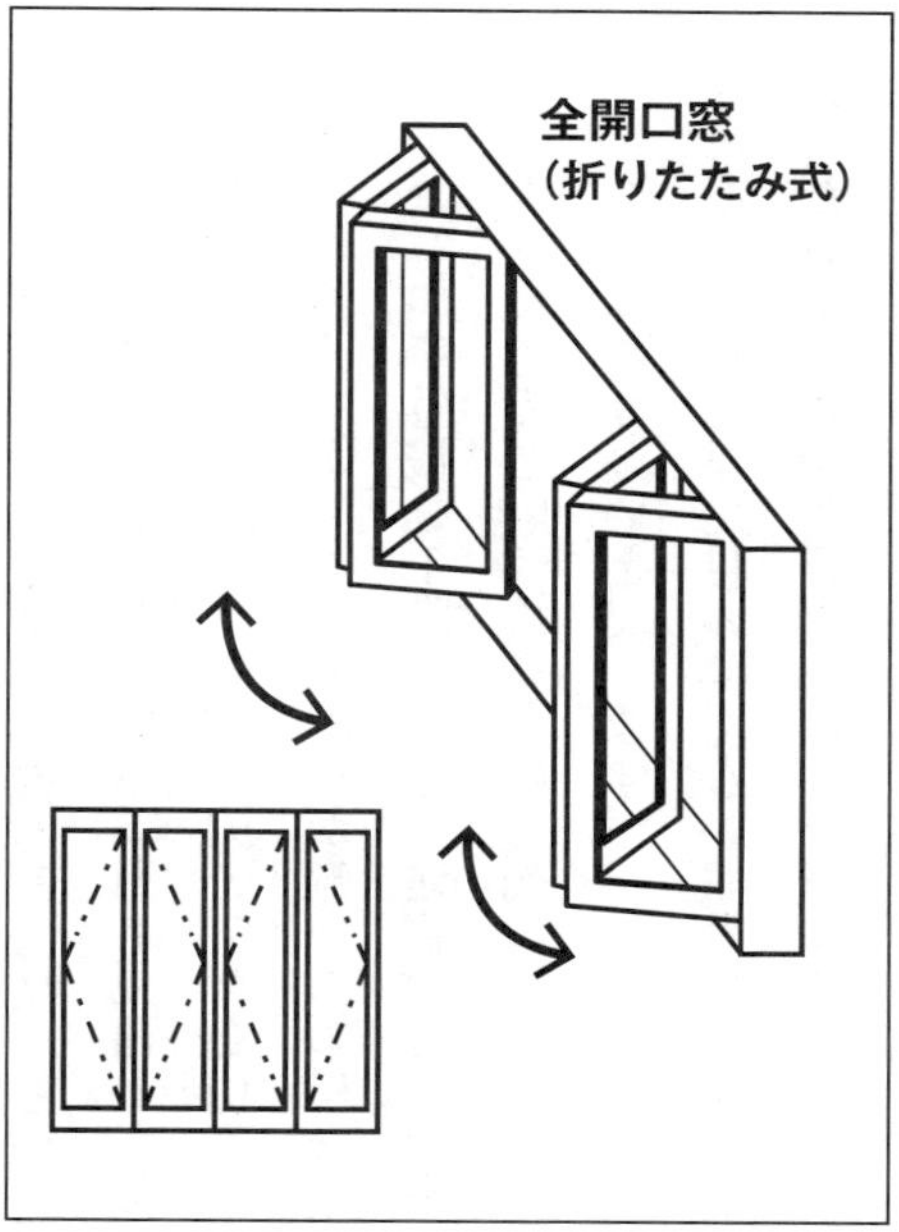

窓とカーテン・エアコンの位置関係

エアコン取り付け位置のセオリーというのがあります。基本は開口部（窓）側を背に取り付け、室内に冷気・暖気を送り込むという位置関係です。

これには急激な温度変化をする窓付近の室内空気を効率よく循環させるためという、ちゃんとした理由があります。

そうすると取り付け位置は窓周辺の壁の上部ということになりますが、この位置はカーテンレールと干渉する場合がほとんどです。背の高いハイサッシを選択すると窓上部のスペースはほぼなくなりますし、窓を部屋中心にして両側の壁寸法をあまりとらなければその壁面に設置することも難しくなります。

そうすると次善の策として窓に対して直角に取り付けということになりますが、部屋の奥に向かって冷温風を吹き出すことができなくなりますから、効率が非常に落ちます。

それから、エアコンには室外機とそこにつなげるダクト・排水ドレン、そしてそれらを通すため、壁面にスリーブ穴が必要だということも見落としてはいけません。

せっかく付けた窓周りのモールディングを切るはめになったり、バルコニーや置台が無いために2階のエアコンの室外機を1階に置き、建物の目立つ場所にダクトが這うといったことに、後になって気づくケースはかなり多いと思います。

逆にそういった見た目のよくない室外機や給湯器といった設備を建物の目立たない位置にまとめてしまうという手法もデザイン的な解決策として採用される場合がありますが、その場合室内機と室外機、

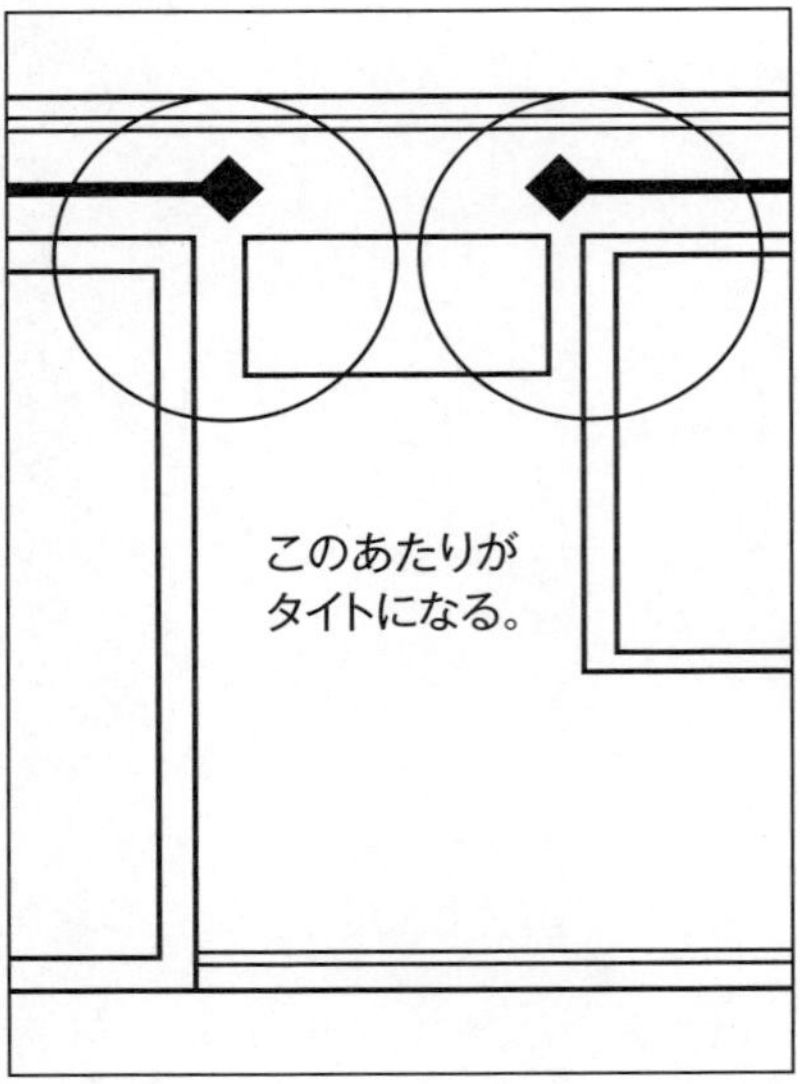

給湯器と蛇口の距離があまりにも遠いと、冷気や暖気、お湯が出るまでにかなり時間がかかるといった不便さと引き換えになる可能性が高いということも検討すべき内容になります。

下地を作っておかないといけない壁

一般的に、壁紙クロスを貼る前の住宅の室内壁は石膏ボードで仕上げます。ボードの下には３００㎜・４５０㎜といった間隔で柱や角材が入っています。２×４構造の場合でも、構造合板は室外側になりますから室内側は同様です。

ボードアンカーという樹脂や金属でできた部品を埋め込めば、あとからそこに重量がかかる手すりや洋服や絵画をかけるフックなどを設置することもできますが、やはり重量に制限があります。

そこで手すり・棚・フック・カーテンレールなどを付ける場所には前もって厚手の合板を下地として打ち付けておくというひと手間が必要になります。費用はわずかですが、後からやるとなると内装にまで及んでしまいますから、必要な場所、可能性のある場所は必ず先にやっておいてください。また、その重量物を吊るポールも長いものであればたわみも考えないといけませんから、適宜サポート用の袖壁や吊り金具

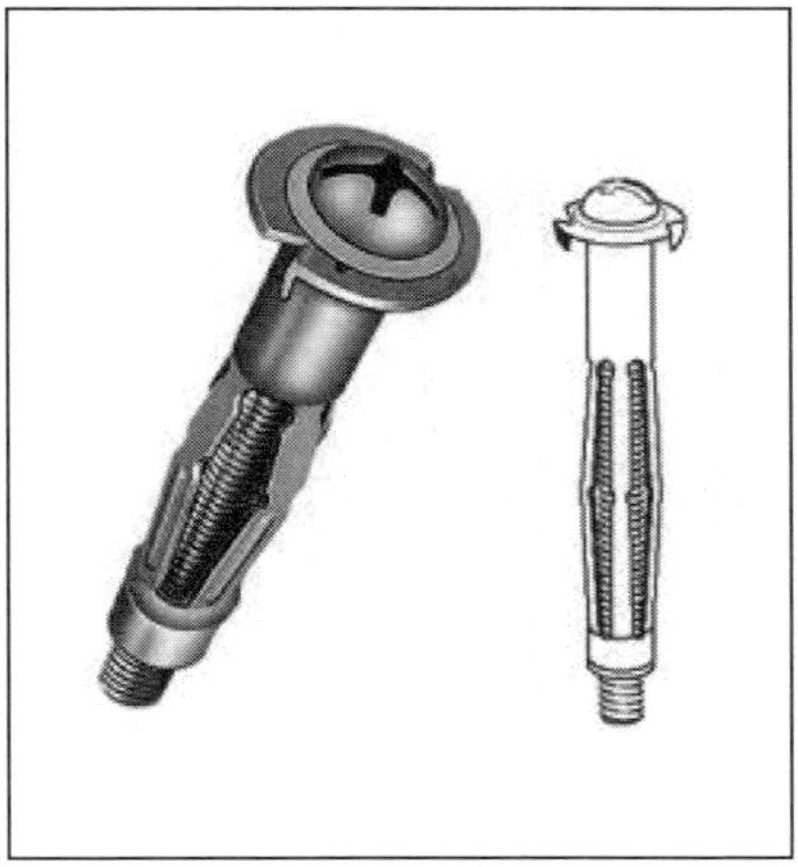

を設置してください。

外壁の色によって色あせたり・暑かったり

外壁の色は、好みを全面的に押し出しアピールできる部分ですし、面積が大きいためその効果も大きく楽しみな部分でもありますが、いくつか知っておいた方がよいことがあります。

まず、どの色を塗るか、どの色の部材を使うかという「色決め」は一般的には30㎜角、大きくても200㎜角の色見本を見ながら行いますが、大きな面積にそれを使用した場合には視覚的に、見本よりも「明るい・薄い」色調に仕上がるということは知らないと後悔することになります。

できれば、実際に建っている建物に色見本や品番を合わせてみると、よりイメージに合致しますので間違いを防ぐことができます。サイディングなどで定番のものであれば同じものが使われている建物を実際に見せてもらうことができるかもしれません。あるいは、検討している色の小さいサイズのペンキ缶を買って0・9m×1・8mサイズ(三六版)のベニヤ板に塗って仕上がりを見るというのもよいでしょう。

色の選択にも注意が必要です。色調が濃いものはシャープなイメージでカッコよく仕上がりますが、夏場には熱を反射せず吸収しますから壁内温度がより高くなってしまいます。外断熱を施してあれば特に問題はありませんが、そうでなければ思わぬところで不快な思いをすることになります。

また、一年中太陽の紫外線にさらされる外壁ですから、塗装面は意外と早く劣化します。特に、赤系の色が強いもの、青系の色が強いものは白やベージュ、ライトグレーといったものに比べて褪色がより速く目立つようになります。

塗料の耐久性を比較すると、短い順からアクリル（6～8年）、ウレタン（8～10年）、シリコン（10～12年）、フッ素（12～15年）、デカデックス※（15～18年）となり、価格もこれに比例します。

外壁の塗り替えコストは、塗料代＋足場代＋人件費であり、塗料代が占める部分は意外と低いので高性能な塗材を使ったとしてもあまりコストは変わりません。将来的なメンテナンスコストを考えた場合、とても良い投資になるはずです。また塗装の基本は下塗り・中塗り・上塗りの3回塗り。コストダウンのためにこれより少なくすると所定の耐久性は得られず、結局損をすることになります。

※「デカデックス」

１９８０年代に英国の化学博士が人工皮膚研究の過程で生み出した高性能液体プラスチック塗料。サイディングボード・RC・モルタル・木・タイル・ガラスなどあらゆる素地に厚膜な塗膜を形成し、素地を保護し、美観を長時間維持します。躯体を長期に守る優れたコーティング剤としての塗料です。

特長

①高耐候性により素地を保護し、美観を維持

②高い接着力と伸び率により、建物の揺れや歪みにも追随する

③自浄作用があり、施工面が常にきれいに保てる（30年実績）
④コンクリートを主体とする建物の中性化を防止する世界で唯一の塗料
⑤熱や紫外線に強く、一年中施工可能
⑥高い撥水性と水蒸気透過性を兼ね備える
⑦グラスファイバーマットとの併用で、さらに塗膜に強度を持たせコンクリートの剥離を防止（ＮＥＸＣＯ東日本をはじめ多数の高速道路等で採用）

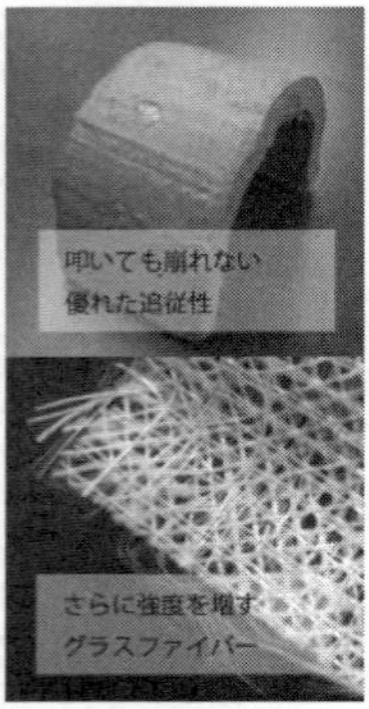

外装サイディング

サイディングは以前は12㎜厚のものが多く使われていましたが、現在は15～16㎜、あるいはそれ以上のものが中心となっています。厚くなるほど彫りが深く高級感が出ますが、性能自体にはあまり差がありません。ただし、薄いものを使うと釘が目立つ施工方法になるうえ、下地のそりを拾ってしまい表面がうねってしまう場合があります。厚めのものを使って、通気金具止め工法で施工するようにしてください。

また、サイディングとはいえメンテナンスフリーというわけではなく、定期的な塗り替えやつなぎめに施工されているコーキングの打ち直しが必要になりますので塗装仕上げ同様、定期メンテナンスのコストを見込んでおく必要があります。

サイディングには貼り方向というのがあります。重ねる断面がサネといってL字に切り欠いてあり、雨水が上から垂れてきても内部に浸透しないよう下から上に向かって貼り上げていくのが普通のやり方です。ちなみに、一枚ごとのサイズは幅４５５㎜×長さ３０３０㎜というのが一般的です。

これを、デザイン的に縦貼りにしたいという場合は、製品が縦貼り用であるか、あるいは縦横兼用かというところをチェックしてください。横貼り用を縦に使うと雨水の浸入を許してしまうことになります。

また、縦張りの場合高さ３０３０㎜の部分（ちょうど、1階と2階の中間あたりになるはずです）でサイディングのつなぎめが出ます。そのままコーキング仕上げでも構いませんが、目立つので幕板（まくいた）という見切り板を建物外周部にぐるっと回す場合が多いです。当然、それには材料と工賃を合計したコストがかかります。

サイディングでは、建物の入隅・出隅（角の部分）にはコーナー用の役物（やくもの）といってその形になった部材を使うのが基本です。

コストダウンでこれを使わずに「突合せ処理」をする場合がありますが、その場合地震や風圧、道路を通行する車両からの振動など様々な理由により建物が揺れたとき、あるいは気温の変化などで収縮・膨張が起こって部材が動いたときに、その部分のコーキングが破れて浸水の原因になることが多くなります。見積もりの安い住宅ではこのあたりの仕様にも注意してください。

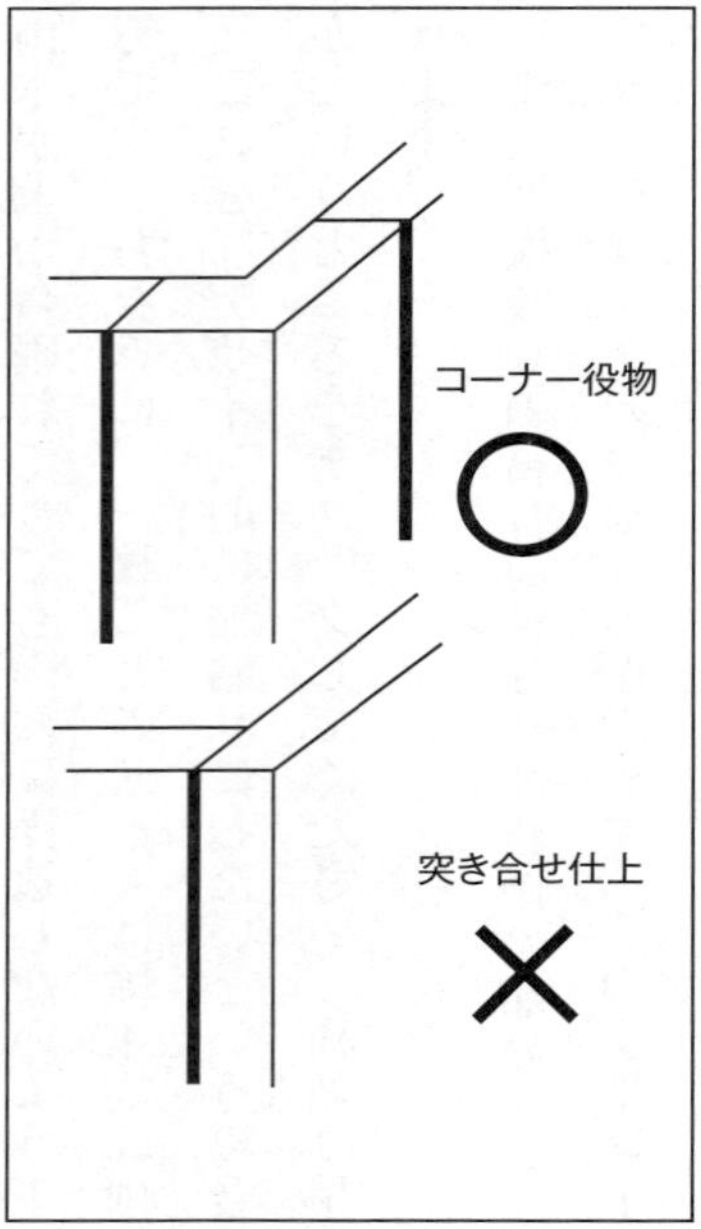

内装クロス

突合せは、室内の壁クロスを貼るときにも注意する点です。

室内の角部分など内側は入隅（いりすみ）と呼びますが、二つの壁がぶつかった入隅部分で壁クロスを突合せ処理すると外装であるサイディングと同様、つなぎめが剥がれてくる可能性が高くなります。

これを避けるためには、少しずらした部分を継手とすることですが、使う壁紙の量がその分増えることにもなり、やはりコストアップになってしまいますのでローコストを謳う工務店の場合はこういった工法は避けられます。ただし、壁の一面のみカラーや柄物の壁紙をアクセントクロスとして使用する場合は、突合せにならざるを得ません。

また、柄物を使う場合には柄の大きさや、リピートといって何センチごとに同じ柄パターンが繰り返すかということに注意が必要です。

柄が大きかったり、リピートが長かったりすると、それだけ柄合わせのために無駄になるクロスが多くなりますので、コストアップにつながります。

クロスの幅は国産の場合、ＪＩＳ企画で４６０㎜・５４０㎜・９２０㎜のいずれかと決められていますが、ほとんどの場合、９２０㎜のものを使います。欧米の輸入物は５００㎜前後のものが多いので、作業工程が2倍になりその分、工事費がアップします。

内装材は、壁クロスだけでなく、ペンキ塗装仕上げ、板材を貼るピーリング、珪藻土、しっくいなど様々な選択肢がありますので、それぞれの長所・短所を見極め、好みを反映させて判断するとよいでしょう。

また、壁クロス一つとっても、普及品と中級品では製品の品質やデザインの多様性がまったく異なりますし、防汚・調湿・防カビ・難燃などの機能性を持ったものがあります。

室内の大きな面積を占める壁と天井。インパクトの大きさの割には、コスト的な負担は比較的低いので、良いものを使うことをお勧めします。

ビニールクロス	長所：施工性・価格・メンテ	短所：素材感・継手の剥がれ
布クロス	長所：高級感・強度・調湿	短所：価格・施工性・防火性
紙クロス	長所：風合い（輸入品に多い）	短所：価格・施工性・伸縮・擦れ
漆喰	長所：室内環境・防火・寿命	短所：価格・工期・ヒビ・技術差・清掃
珪藻土	長所：室内環境・防火	短所：汚れ・清掃・擦れ
タイル	長所：メンテ・強度・防火	短所：価格・脱落・掃除（無釉の場合）
塗装	長所：風合い・バリエーション	短所：価格・技術差・ヒビ・汚れ・耐水

流行り廃りがあります

いま見ると、「……」あるいは「?・?・?・」な平成バブルのデザインの建物ってあります。ゴテゴテの装飾に、デザインのためのデザインともいえる奇抜なフォルム。当時はよかったのでしょうが、なんだか気恥ずかしくなります。せっかく建てる家ですから、好きなように建てたらよいのですが、10年経てば10歳、20年経てば20歳、自分も歳を重ねるということを念頭に置いて計画するとよいでしょう。シンプルなもの、伝統的なもの、普遍的なものはそれなりの時の洗礼を受けていますから流行に流されないものになります。

近代建築の三大巨匠の一人、建築家フランク・ロイド・ライト（１８６７－１９５９）の師、ルイス・ヘンリー・サリヴァン（１８５６－１９２４）に「形態は機能に従う」（Form follows function）という箴言があります。必要な機能を突き詰めていけば合理的な形状に行きつきそれは自然と美しいものになるといった意味ですが、シンプルで美しい建物はそれに合わせた機能がよく整理されている場合が多いともいえます。

また、三大巨匠のもうひとり建築家ミース・ファン・デル・ローエ（１８８６－１９６９）も「より少ないことは、より豊かなこと」（Less is more）という言葉を残していますが、同様のことがいえるのだと思います。そしてローエのもう一つの有名な言葉は「神は細部に宿る」（God is in the detail）。建物を構成する金具や取手といった部品なども含めた一つひとつのディテールにこだわることによって、全体が素晴らしいものになる、小さな部分をおろそかにしてはいけないという意味です。

これら3つの言葉を肝に銘じている建築家は多いと思います。

設備にも流行り廃りがあります。1970年代には我が国の共同住宅においてさえ一部の物件ではセントラルヒーティングにセントラル給湯が取り入れられていました。高級な注文住宅では強力な吸引モーターが建物内にあり、各部屋のダクトにホースを接続するというセントラル掃除機といった今にしておもえば過剰な設備もありました。大阪万博に沸いた時代、大量消費と20世紀的なバラ色の未来を象徴する事象のひとつといえますが、エネルギー効率やエコの視点、あるいはコストパフォーマンス上の理由から過去の遺物となってしまいました。もちろん家電の進化や低価格化も設備の流行に影響を与えています。

ミースの代表作ファンズワース邸

ミース・ファン・デル・ローエ

家の素材感

長く住み続けていくうちに味わいが深まり、年輪のよう歴史が積み重なっていく家というのは確かにあります。それは、設計者や工事者そして建築を発注した施主それぞれがこだわりをもって建てた家に共通しています。そして、その多くが床材や壁面や小さな金物、部品の一つひとつにわたってなるべくホンモノを使っています。予算の関係や、工事の手間、メンテナンスの手間などを考えるとなかなか難しいかもしれませんが、頭の片隅にでもおいていただいて、何か一つでも二つでもそういったものを計画に取り入れていただければ、きっと満足のいく住宅が建てられると思います。

そして、もう一つ肝心なのは建物に住み始めたあと。家は、家族とともに歳を重ねていきますので、愛情をもって住まうということはとても大事なことです。

そしてその原動力になるのはやはり自分が、こだわりを持って建てた家であるということだと思います。

建物の性能

設備やデザインは建物にとって重要な要素の一つですが、それよりも優先すべきは建物自体の性能である、という意見に賛同する方は多いのではないでしょうか。

設備は、建物よりも寿命が短いですから適宜交換していくことになりますので、変更容易な部分といえます。デザインも設備に比べると大掛かりになりますが、リフォームで変更しやすい部分ではあります。

それに比べ、建物の性能ともいえる耐震性能、断熱性能、耐久性能、あるいは防蟻・防腐・防水といった部分は、後からやるには物理的にもコスト的にもかなり大掛かりなものになります。最初に選択しておけばわずかな差額負担でできますので、予算を割り当てるうえで、建物の性能の部分はなるべく落とさないようにするとよいでしょう。

住宅性能を高めるポイントと商品をいくつかご紹介しますので、ご参考まで。

杭と地盤改良

建物の建つ地盤に問題があると、どんなに良い建物を建てても不同沈下によって建物が傾いたり、それに伴って建て付けが悪くなったり、ひび割れが出たりします。

建築前の地盤調査にはスウェーデン式サウンディング（ＳＳ）方式という調査方法が採用されることが一般的ですが、これは先端がスクリューになった鉄棒（ロッド）を回転させながら、25㎝ごとに地面に貫入させていくというもの。

この回転数によって地盤の硬軟を判断します。調査レポートには、「じゃりじゃり」とか「さらさら」とか感触も書かれますので、原始的な感じがします。敷地内の何か所かで実施するとはいえ、いわば「点」の調査でもあり、貫入の途中で土中の石などにあたるとそこは堅い地盤と判断されかねませんので、やはり簡易的な調査方法といわざるをえません。

一方、「点」ではなく「面」で調査する方法として「表面波探査式地盤調査」といった方法があります。音波で地面を振動させ、その揺れの伝わる速さで地盤の硬軟を判断し、データの変化から地層の境界を読み取り、各層に支持力がどのくらいあるかを判断しますので、より正しい地盤の様子を広範囲に把握することができます。

本当の地盤面下の姿がわかれば、杭を打ったり、基礎を深く入れ

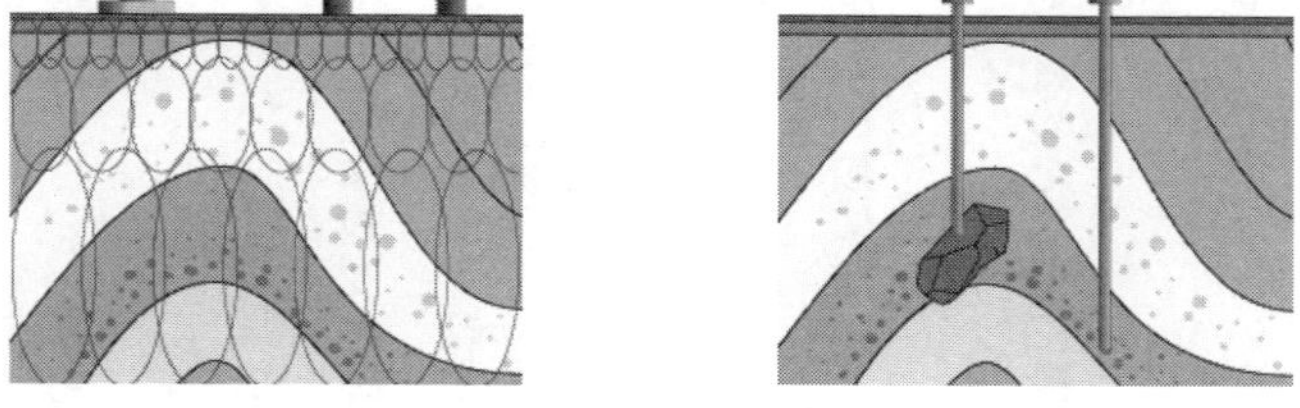

表面波探査式　　SS式

たり、土に硬化剤を混入して地盤改良したりと必要な施策を行うことができます。

こういった杭工事や地盤改良工事は、建物が建つ前の更地の状態で行うのと、建物が建った後で行うのとでは工事費や工期に雲泥の差が出ます。くれぐれも、建築前にしっかり調査を行い、きちんとした対策を講ずることを強くお勧めします。

ちなみに、「表面波探査式地盤調査」はSS式調査に比べてコストアップしますが、逆に調査の結果、点で見ただけでは十分な地盤強度が無いとみなされたものが、敷地全体では十分な強度が確保できているといった結果が出ることも多く、(その場合には地盤改良工事も不要になります)結果的にコストダウンになる場合も少なくありません。

基礎と配筋

しっかりした地盤が確保できたら、次に建物の基礎を打ちます。代表的な基礎の種類にはいくつかありますが、住宅で使われる代表的な基礎は、「布基礎」と「べた基礎」の二つ。

それぞれの違いは、逆T字断面の基礎を連続させる(布基礎)か、底面全体も含めた箱型に構成させるか(べた基礎)。

べた基礎は、建物を面で支えることにより荷重が分散しますからより優れた基礎であるといえます。建物の一部が沈んでしまって全体的に建物がゆがんだり、亀裂が入ってしまうことを防ぐ意味でも採用することが望ましいでしょう。

時々、布基礎で地面が露出する床下部分にコンクリートを打設して一見べた基礎のようになっているものを見ますが、床下に湿気が上がってくるのを防ぐ効果くらいしかありません。

どちらも、コンクリートを打設するまえに鉄筋で配筋を行います。鉄筋はコンクリートとの相性が良く、その弱点をお互いに補いあいます。

①コンクリートは圧縮に強く引っ張りに弱い、鉄筋は圧縮に弱く引っ張りに強い
②熱収縮率が同じなので、気温変化に伴う剥離が起きにくい
③鉄の酸化を強アルカリ性のコンクリートが防ぐ

セットで使われることによりそのメリットを生かすことができるわけで、鉄筋が2列になりコンクリートの厚みも増したダブル配筋はシングル配筋よりも強度に優れるといった特徴があります。ダブルよりもトリプルと、さらに鉄筋量を増やせば増やすほど基礎は頑丈になる気もしますが、鉄筋同士の間隔や鉄筋の太さ、数量、位置、つなぎ部分（定着）の長さ、曲げる角度、コンクリートのかぶり厚さや断面量など事細かく規定された仕様に基づいて計画しないと所定の強度を確保できません。

ちなみに鉄筋にも表面がごつごつした異形鉄筋とつるっとした丸鋼がありますが、前者の方が付着性や引き抜きに対する抵抗力などの性能的に優れていますし、最近はほぼこちらが使われています。

鉄筋表面からどのくらいの厚みでコンクリートが打設されるかという「かぶり厚さ」。基礎や壁、

土に接する場所などそれぞれ厚さが決められています。配筋が終わり、型枠が組まれ、コンクリートの打設をする前の時点でメジャーを持って行けば、自分でチェックすることもできます。

普通コンクリートの場合のかぶり厚さ

土に接しない部分

床スラブ・屋根スラブ・耐力壁以外の壁
　仕上げあり　2cm
　仕上げなし　3cm
柱・はり・耐力壁
　屋内　仕上げあり　3cm
　　　　仕上げなし　3cm
　屋外　仕上げあり　3cm
　　　　仕上げなし　4cm（条件によって3cm）
擁壁　4cm

土に接する部分

柱・はり・床スラブ・耐力壁　4cm
基礎・擁壁　6cm

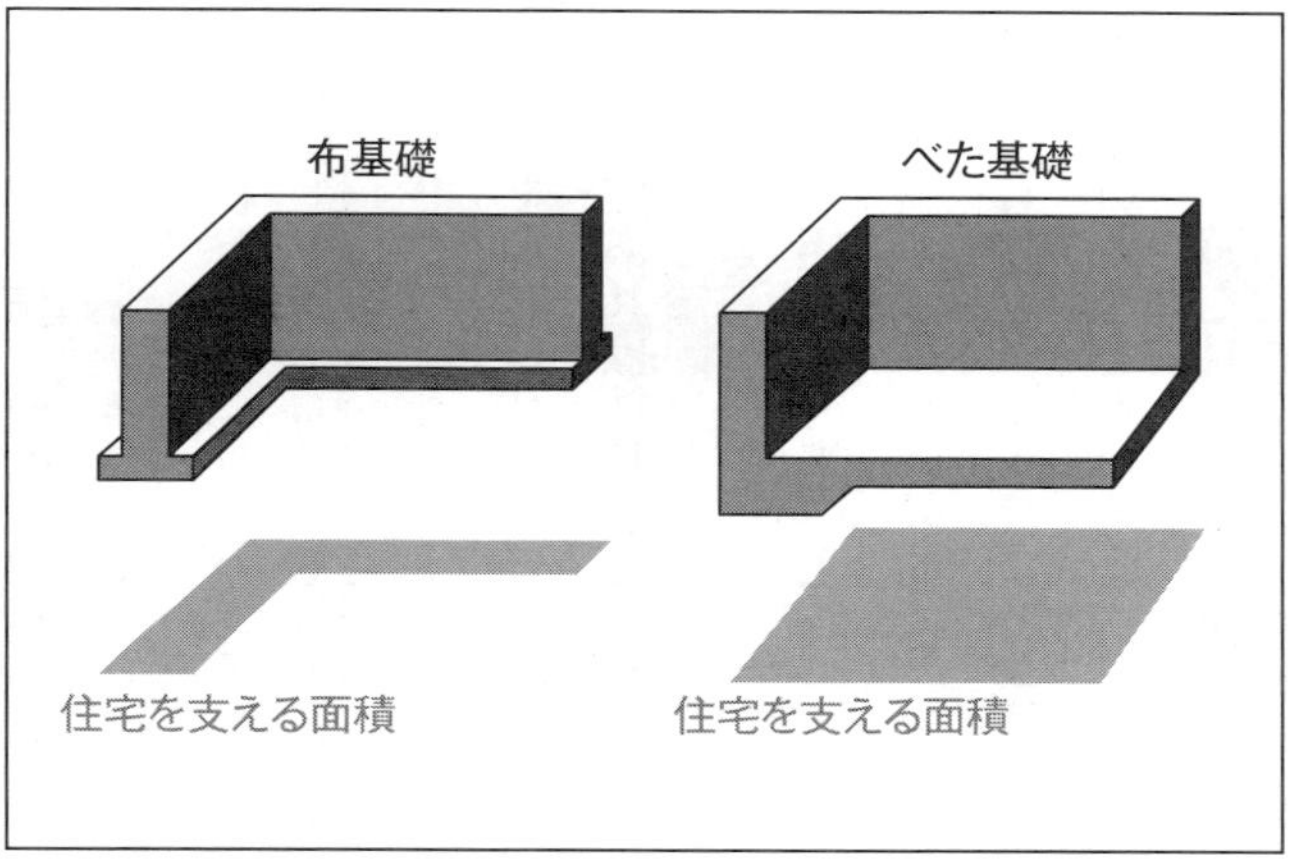

打設するコンクリートの固さ、セメント・砂・砂利の配合割合、気泡が出ないようにするためのバイブレーションのさせかた、打ち継ぎのしかた、打設するときの気温、型枠を外すまでの日数などなど、普段何気なく見ている現場では実に様々な項目が事細かく決められています。

柱・梁・床・壁などの構造材

木質系の建物であれば、①軸組（在来）工法、②枠組壁（2×4、2×6など）工法、③パネル工法、④校倉工法（ログハウス）に分類されます。

非木質系であれば、鉄骨系で⑤軽量鉄骨造、⑥重量鉄骨造、コンクリート系で⑦RCコンクリート造、⑧PCコンクリート造と分かれます。

外壁をALC（軽量のコンクリート部材）としたものは一見、コンクリート造に見えますが、構造が鉄骨であれば鉄骨造となります。

①木造軸組み（在来）工法（住友林業・東日本ハウス・タマホームなど）

我が国では最も一般的で歴史も古く、全体の8割近い住宅がこの工法で建てられています。設計の自由度も高く、完成後の増改築なども容易である反面、施工技術が必要で施工者の技量によって差が出やすい工法ともいえます。

土台・通し柱・管柱・梁・筋交・火打梁など、基本的に角材で構成されていますので、それぞれの部材の樹種、太さ、節の有無、材木の芯の有無、接合部分の強度などによって大きな差がでます。最近の在来工法では、部材のばらつきを解決するために集成材を使うことが多くなりました。また、施工技術の平準化のためにプレカット部材を使うことがほとんどです。

耐震性において六面構造の壁式工法よりも不利といわれていましたが、最近は構造用合板を筋交と併用することによって壁式工法を上回る強度を確保するケースが見られます。

②枠組壁（2×4、2×6など）工法（三井ホーム・東急ホームなど）

北米で主流の工法です。２インチ（約50㎜）を基本とした角材と合板を組み合せて作ったパネルをデッキ状に仕上げた床の上に組んでいきます。

モノコック構造ですから、強度は一般的な在来工法の２倍近いといわれていますが、反面、開口部の位置や大きさに制限があり、間取りの自由度という点では不利になります。完成後の増改築も困難です。

木材は、「ＳＰＦ」（＝スプルース（Spruce、米トウヒ）、パイン（Pine、マツ類）、ファー（Fir、モミ類）の頭文字）と呼ばれる常緑針葉樹が使われます。

これらはいずれも成長が早く加工がしやすいことから採用されていますが、逆に言えば在来工法で使われるヒノキなどの高性能な木材に比べて見劣りする安価な材料であるともいえます。合理的でシンプルな工法ですから、施工者の技量に左右されにくく品質が安定するという利点があります。

③木質パネル工法（ミサワホーム・エスバイエルなど）

２×４工法から派生し、インチ規格ではない部材を、釘ではなく接着剤を使って組み立てる工法です。

④**校倉工法（ログハウス）**（ベスなど）

丸太を組むいわゆるログハウスと、角材を組む角ログがあります。住宅としての性能の問題、間取りの制限、有効面積の狭さなど様々な弱点がありますが、それを承知でこだわる熱狂的なファンがいることも事実です。準防火地域などでは建築が困難なケースが多いですが、法制限をクリアするため外壁をガルバリウム鋼板で仕上げた角ログなど様々な商品が出ています。

⑤**軽量鉄骨造**（積水ハウス・セキスイハイム・ダイワハウス・パナホーム・トヨタホームなど）

厚さ6㎜以下の鉄板を四角い断面に曲げて柱や梁といった部材を作り、直径9㎜程度の鉄棒を筋交（ブレース）として使う、軸組み工法です。

木材と比較して精度の高い金属材料を使って、工場生産することにより品質の安定が図れるというメリットがあります。耐震強度なども優れています。

一方、規格化・工業化ゆえ、寸法、間取り、部材などの制限が多く、設計の自由度が低いといえます。完成後の増改築についても難しく、そのハウスメーカーの技術者でなければ基本的に扱うことができません。この工法特有の問題としては、「錆」と「熱伝導」。

中空断面の金属性の柱や梁は熱伝導率が非常に高いですから、外断熱などの対策を行わない限りは熱橋（ヒートブリッジ）という室内環境の悪化や壁内結露の原因となる現象を起こす可能性があります。また、火災時において鉄は９００度を超えた時点で急激に強度が落ち、表面の炭化によって内部を守り強度を維持する木材と比較して不利といった特徴もあります。

⑥重量鉄骨造（旭化成ホームズなど）

厚さ６㎜超の鉄材を使って組み上げる工法です。筋交（ブレース）を使わず、接合部をボルトや溶接で剛に仕上げるラーメン構造とよばれる構造が採用されます。

高層マンションやビルと同じ工法ですから、強度も非常に高く、４階建て以上のプランや大空間も可能です。

一方、金属製の躯体ですから軽量鉄骨と同様「錆」と「熱伝導」に対する対策が必要です。また、建物の重量が非常に重くなるため、建物自体の価格に加え地盤や基礎に関しても大きなコストがかかります。さらに部材の搬入経路と施工のためのクレーン車の作業スペースなどが確保できないと施工は困難になりますので、敷地だけでなくそこに至るまでの道路幅員や曲がり角の有無などの検討も必要になります。

⑦RCコンクリート造（大成パルコン、レスコハウスなど）

強度、耐久性、設計の自由度ともに最も優れた工法です。ただし、価格も最も高価になります。工事のほぼすべての工程が現場作業で行われますので、施工時の天候、気温、コンクリートの品質管理など施工においての難易度が高く、施工業者による鉄筋・型枠・コンクリート打設など施工精度のばらつきが大きいのも特徴です。

建物重量が非常に重くなるので、地盤や基礎に関してコストが高くなるのは重量鉄骨造と同じですが、部材搬入に関してのハードルは低くなります。

⑧PCコンクリート造

工場で生産した板状の鉄筋コンクリート部材を現場で組み立てて組み上げる壁式工法です。

施工期間は短くなりますし、現場での品質管理の問題が解決できますが、プランの自由度は低く、部材搬入のハードルも高くなります。

屋根材

屋根材は建物を雨や火災から守る役割を持っています。雨音の遮音性なども部材や表面仕上げによって違います。また、屋根の勾配は全体的なデザインや最上階の屋根裏利用にも影響を与えます。重量が重いものは耐震性にも負の影響を与えます。

屋根材の種類は大きく分けて（1）瓦系（2）スレート系（3）金属系に分かれます。

価格的には、スレートとガルバリウム鋼板（アルミ・亜鉛合金のメッキ鋼板）はほぼ同等、瓦はその2倍、銅板葺は瓦の3倍と思っておくとよいでしょう。

耐久性：瓦◎　スレート◯　金属△
耐風性：瓦◯　スレート◯　金属◎
耐震性：瓦◯　スレート◯　金属◎
価　格：瓦△　スレート◯　金属◎
メンテ：瓦◎　スレート◯　金属△

屋根勾配は、瓦4／10以上、スレート3／10以上、金属1・5〜2・5／10以上必要になりますから、建物全体のフォルムに合わせて選択する部材が決まるということもあります。

屋根は、太陽の日射を直接長時間受けますから断熱を考える必要があります。

熱移動の種類は（1）伝導（2）対流（3）輻射の3つ。

(1)伝導（建物全体の5％）
火にかけた鍋の中の水がお湯になるように、直接接触している物質間を通じて伝わる熱。

(2)対流（建物全体の20％）
空気移動による熱の伝わり。暖かい空気は上に、冷たい空気は下に移動する現象。

(3)輻射（建物全体の75％）
太陽の熱が空気を通しあらゆる方向へ伝わるなど、物質の温度が周りの空気より高いとき、または低いときにおこる現象。その熱は接触した物質の表面から吸収されたり跳ね返ったりする。

日本の住宅が受ける熱量の7割が屋根からきています。ポリエチレン製エアーキャップを遮熱アルミで挟んだ遮熱部材（商品名「アール・フォイル」等）を採用することによって大幅に熱効率を解消することが可能になります。

アール・フォイル

断熱

同様に、壁や基礎の立ち上げ部分からも多くの熱移動が行われます。

一般的な内断熱の住宅では、外壁と内壁の間にグラスウールなどの断熱材を埋め込む工法が採用されています。建物躯体が外気に直接さらされるため、熱が出入りしやすいうえ、空気中の水蒸気が水に変化する温度・湿度の交差点（露点）が壁の内部になる内部結露という現象を起こしやすくなります。

グラスウールなどの断熱材は、空気層を含んだ綿状になっていて、これが内部結露によって空気層を失うとその性能を十分に確保することができなくなります。また、柱や土台を腐らせる原因にもなります。

冬季など、リビング・浴室・トイレ・玄関などの温度差が15度以上になることもありますので、ヒートショックといった健康被害も心配です。

一方、外断熱工法（ＥＩＦＳ（イフス）等）は建物全体を発泡スチロールのような断熱材（防火の関係で自己消火性があり、燃え広がらない部材が使われます）を使ってすっぽりと包みこみます。

気密性が確保され、外部の温度変化の影響をほとんど受けることがなくなります。内部結露の問題も解決され、建物の寿命を延ばすことになります。

ただし、重量のあるサイディングやタイルなどを外壁に採用すると、断熱材を挟んで本体に届かせるための長い釘で外壁材を固定する必要があるため、長期間経過するうちに重みに耐えきれなくなって外壁が垂れてしまうという問題が少なからず発生します。

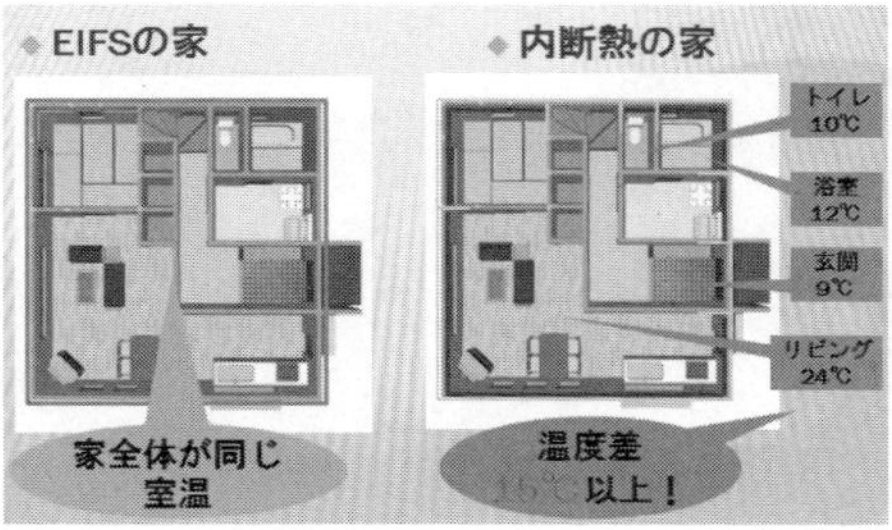

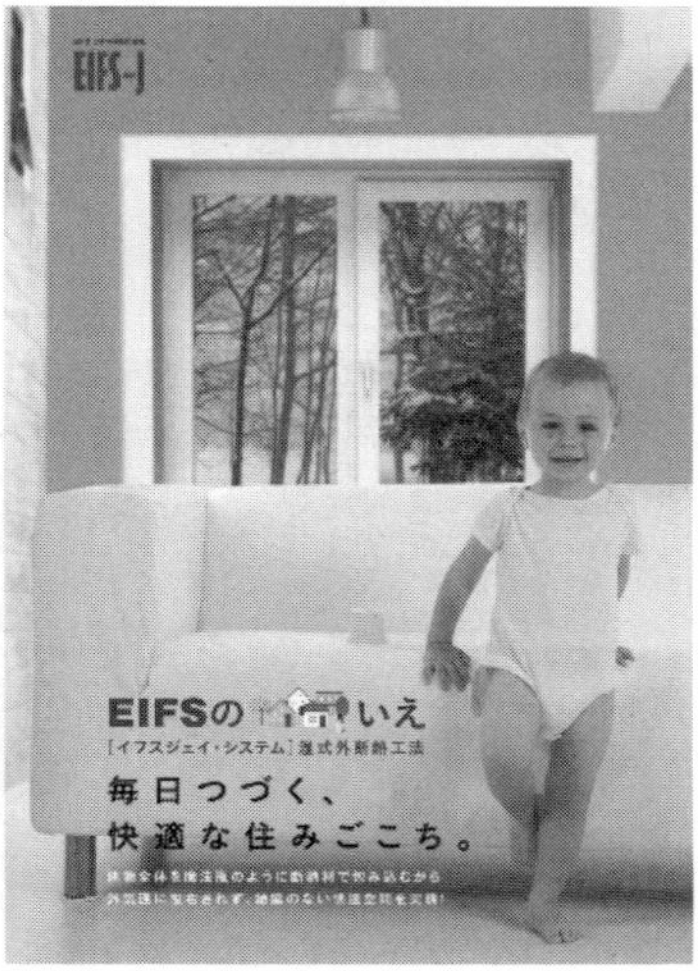

したがって、外断熱工法を採用する場合は、軽量で強度が確保できる工法を合わせて外壁に採用する必要があります。

ガラス繊維のメッシュと伸縮性のある塗料という組み合わせが一般的です。

床暖房

高気密住宅と床暖房の相性はとても良いです。これは、設備の話になりますが、建築の段階で建物に組み込むことによって高性能な住宅を作ることができます。

一般的な住宅の冬場のフローリングの温度は、日中でも摂氏5度という自動販売機の中と変わらない温度になることが珍しくありません

しかし、床暖房を導入しようとしても、導入コスト、維持コストが比較的高価で二の足を踏む人が多く、現在でもあまり普及はしていません。

我が国で主流になっている熱源は、家電メーカーが進める電熱線とガス会社が進める温水循環。どちらも、給湯設備やコントローラーなど大掛かりな工事になります。また、どちらも電線または給湯感を蛇行させて下地と床材の間に施工する関係から、床面の温度ムラが課題となっています。

いま、注目されている方式は「ヒートプラス」などのフィルムシート状の発熱体を使って、遠赤外線を発生させる新世代方式。施工費は従来の数分の一で、電気代も安く、しかも全体的にムラなく温まります。シート状ですから、施工も簡単で設置スペース相当の床材下スペースを余分に取る必要もありません。

床暖房対応の床材とセットで考えないといけませんが、無垢材を含めかなりの製品が対応部材として発売されています。

防水

外部からの水の浸入を防ぐため、外壁には建物の防水が必要になります。一般的な住宅では外壁にサイディングを採用するときには通気性と防水性を兼ね備えた透湿防水シート（色は白）、モルタル仕上げを採用するときにはアスファルトフェルト（色は黒かグレー）を外壁下地にステープラーで止めていくという作業を行います。

外壁材は一次防水の役割を果たしますが、ひび割れやコーキングの劣化によって水の浸入を許してしまう場合があります。

また、外壁材に問題がなかったとしても、サッシと外壁材の接合部から水の侵入が発生することが多く、雨仕舞を考えて設計・施工したり、しっかりとコーキングを行うことが求められます。

万一、こういった部分から雨水が入り込んだとしても、水の侵入が構造体にまで達しないように最後の砦としての役割を果たすのが防水シートでありアスファルトフェルトなわけです。最近は、これらに代わってさらに高性能な下地処理剤が多くの現場で使われるようになってきました。躯体が完成した後、塗布すると乾燥とともにゴムに変化するアクリル100％のエラストマー性液体塗料の製品（外壁下地処理剤「ガーディアン」等）は、優れた防水性の劣化防止材として凹凸のある下地・表面から複雑な開口部、気泡まで全てを一発完全防水できます。

防蟻処理

シロアリは、蟻の仲間ではなくゴキブリの仲間だということはあまり知られていません。コロニーをつくり猛烈な食欲で木材を蝕んでいく、建物にとっては恐ろしい天敵です。場合によっては、思わぬ年数で建て替えを余儀なくされる場合も。

建築基準法施行令49条2項では、地盤面から高さ1mまでの柱・筋交・土台には有効なシロアリ対策をすることが求められています。

ここで想定されているシロアリは、ヤマトシロアリとイエシロアリの2種。彼らは、土の中から蟻道という地表面や基礎表面に畝のように盛り上がったトンネルを経由して建物に到達します。防蟻処理の主流は、ネオニコチノイド、ピレスロイドなどの合成殺虫剤を構造体完成時に塗布する方法。場合によっては、地盤から1mの高さで使われる木材に工場で薬液を浸透・注入する方法を採用しているハウスメーカーもあります。

ただし、合成殺虫剤は農薬の一種でもあり（1）揮発することにより、建物内部にいる人（特に乳幼児）やペットに健康被害をもたらす恐れがある（2）有機質であることから、わずか3年という短期間でその効果が半減してしまう（大手ハウスメーカーで建てた関東地方の住宅に新築後9年でイエシロアリの被害が生じ、建て替え寸前の大規模リフォームが必要な被害が発生した案件では、解体された柱を分析センターに出したところ計測した薬剤残存量が新築時の５０００分の1という結果に……。防蟻処理の保証は10年だったが、保証金額はわずか３００万円）。また、完全な形で再施工するには構造材を覆う外装・内装を外さねばならず実際は困難ということが従来問題視されてきました。

日本以外のいくつかの国では合成殺虫剤による防蟻処理を禁止しています。

さらに、従来の防蟻処理方法では近年一部の地域で猛威を振るいその拡散が懸念されている「アメリカカンザイ（乾材）シロアリ」に対しては無防備であることが指摘されています。

彼らの特徴は……、

- 土壌にまったく依存せず、木材の含水だけで生きていける
- 蟻道を作らず、直接屋根から建物を侵食する
- 取り付いた建物内に複数のコロニーをつくる
- 発見が困難

京都大学アメリカカンザイシロアリ被害調査チームによると、被害部材の39％が〝屋根〟。ということは地盤面から１ｍの防蟻処理では用をなさないということでもあります。

アメリカカンザイシロアリを含めたシロアリ被害に対する有効な防蟻処理として、無機質である〝ホウ酸〟の水溶液を建物構造体全体に噴霧塗布する方法があります（「ボロン・デ・ガード」等）。

合成殺虫剤メーカーの力が強く参入障壁になっていた我が国でも、ようやく2012年3月から長期優良住宅に対応可能という認定を受けられるようになりましたが、アメリカ、オーストラリアでは既に全面的に切り替えられていますし、ハワイ州では新築時に全構造体へのホウ酸による防蟻処理が法制化されています。

建物構造体に直接噴霧塗布されたホウ酸は、水で洗い流さない限り長期にわたってその効果を持続し、安全性が高いというのがその理由です。

大量摂取をすると健康被害を及ぼすホウ酸ですが、ミネラルとして自然界に存在し、私たちが水や食物から毎日微量ながら摂取している元素でもあり、新陳代謝や骨・脳の機能健全化に役立っているものです。眼球の洗浄など医療用にも使われていて、合成殺虫剤と比較すると人体、あるいは犬猫といったペットへの影響は非常に少ないと考えられています。

一方、シロアリを始めとしたすべての昆虫類は腎臓をもたないため、ホウ酸を摂取すると体内で処理できずに代謝がストップし死滅します。さらに、体内で分解することもなく共食いをした仲間も連鎖的に死滅させコロニー全体を排除することができます。また、ホウ酸は防蟻だけではなく防腐・防カビにも効果を発揮することも知られています。

■従来の防蟻処理の問題
①地盤面から１ｍまでしか……
②たった５年で効果終了
③強力な農薬。
　子供やペットの健康被害

ホウ酸防蟻剤はこれらの問題点を有効に解決します。

コンクリート硬化剤

駐車場やアプローチにコンクリートを打設することが多いと思います。完成したものを見ると、ただモルタルを流しこんで、均して、固めただけのように見えますが、実際は重量物が載ったり歩行しているうちに割れたりすることを防ぐために、下地の砕石の上に格子状のメッシュ筋を配置したり、熱伸縮によるヒビを避けるために数メートルごとに伸縮余地となる継ぎめを作ったりといった工夫がされています。

コンクリートは、強度のある部材ですが、それでも重量物を引きずったりバイクのスタンドを立てたりとしているうちに表面が削られてしまいます。

また、コンクリートは酸性雨や排ガスにさらされることによって、強アルカリ性が中性化し内部の鉄筋を酸化＝錆びさせてしまうという悩みがありますが、これは土間コンクリートに限らず、ＲＣ建築なども含め共通の問題です。

建物壁面であれば塗装被膜によってこれを防ぐことができますが、常時摩擦にさらされ塗装被膜の維持が困難な床面・土間面の場合は別の対策を講じる必要があります。

その一つとして、倉庫・ショッピングセンターの駐車場・工場などで採用されている硬化剤があります。（「アッシュフォード　フォーミュラ」等）

その原理はコンクリート内の石灰分と溶剤をイオン交換反応させ表層に堅固なケイ酸カルシウムを形成させるというもの。

施工やメンテナンスの容易さ、コスト、環境的な配慮半永久的な耐久性と時間の経過に伴う強度上昇など優れた性能から、60年以上の実績をもつ製品もあります。

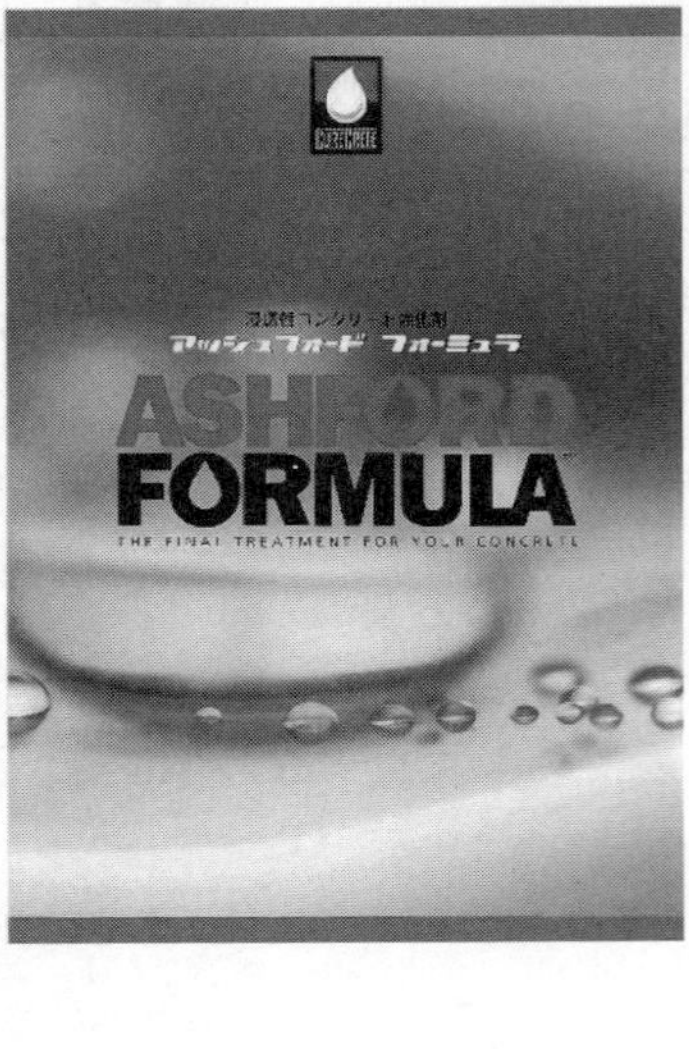

建物の外回り

外構（エクステリア）

建物に十分な予算を取るわりに、フェンスや門扉、玄関周り、庭、植栽、カースペースなどにあまりお金を掛けないケースが数多くみられます。

せっかくの立派な建物でも、外回りが貧弱であれば全体的にそれなりの雰囲気になってしまいます。そうでもない建物でも、良いエクステリアの工夫によって何倍も引き立ちます。

金額の多寡は別として、しっかりと予算を取って建築と一体で計画するとよいでしょう。

フェンス

フェンスは、隣地との境を明確にする、外部からの人の侵入を防ぐ、敷地内の土が流れ出すのを防ぐといった役割があります。

ただ、隣地境界はお互いの境界を示すために設置された石や鋲、プレートによって明確にすることができますし、侵入を防ぐには植え込みの生垣でもかまわないわけです。

一般的には、コンクリートブロック２段積み（高さ40㎝）に80㎝程度のアルミかスチール製のフェンスを設置し、高さ１２０㎝のフェンスを敷地外周部に張り巡らすことが多いと思います。

ブロックには様々なデザイン・仕上げが施された化粧ブロックもありますし、標準的なブロックを施工した後に目地をモルタルで塗りつぶし表面にジョリパットなどの塗料を塗布するといった仕上げも人気があります。

その際、鏝（こて）の使い方でフラットにしたり、荒々しくしたり様々な表情をもたせることができます。

フェンスもよく使われるアルミ製の細い角パイプがずらっと並んだ〝千本格子〟や、樹脂製の被覆がされた細いスチールの格子でできた〝スチールメッシュフェンス〟だけでなく、鋳物製、木製、樹脂製など様々な素材とデザインのものが用意されています。

ちなみに、アーチやカーブなどデザイン的な要素が強いものは、何メートルかごとに同じデザインを繰り返すという「リピート」という要素がありますので要注意。

リピートサイズにぴったりのところで継手やコーナーを計画しないと、中途半端なところで切れてしまったり、ちぐはぐになってしまうことになります。

南欧の写真や、カンフー映画などでよく目にするような、高い塀を設けて外部との関係性を絶ち、プライバシーを重視した計画にしたいというケースもあるでしょう。

その場合、隣接地に圧迫感を与えることになりますし、地震や台風による倒壊の危険性も考慮する必要があります。又、高さによって、隣地の承諾が必要であったり、建築確認が必要だったりします。

例えば、ブロック塀の築造での場合、基礎や控え壁、配筋、ブロック厚さなどの諸規定があり、高さ1・2m↓1・6m↓2・0m↓2・2mとだんだん制限が厳しくなっていきます。

門扉

オープン外構であれば不要ですが、一般的には門扉を取り付けます。これも様々な素材・デザインがあります。

施錠の有無やポスト・門燈・インターフォンをどうするかといった検討が必要になります。

例えば、インターフォンやポストが建物側についているのであれば、普段の生活において門扉に施錠することは無いでしょう。敷地内に不特定の人が入ってくるのを嫌うのであれば、これらは門扉と一体化するか、門扉の外部に設置することが必要です。

でも、その場合は毎朝新聞を取りに行くのにそこまで行くことになります。雨の日であっても、風の日であっても。どちらを取るか、優先順位をどこに置くかということを決めておくことです。

玄関周り

玄関周りは、建物の「顔」となる場合が多いでしょう。シンボルツリーを植えたり、砂利を敷き詰めたり、高品質のタイルを使ったりといったことで、建物全体の格を上げることができます。

また、玄関先は掃除道具やホース、自転車など、様々なものが散乱しがちな場所でもありますから全体計画の中で、そういったものを納める場所を確保しておくことです。

スペースの許す限り、玄関ドアの前には大きな庇で覆ったポーチを作るといいでしょう（ただし、1mを超える突出は建ぺい率に算入されるので注意）。雨のときなど、いったん荷物を置いて傘を開いたり閉じたりする場所になりますし、玄関に奥行きが出ます。庇部分の軒裏を木質系の仕上げにしてダウンライトを配したりするのもわずかなコストで建物の質感を上げることができます。

庭と植栽

草むしりや虫が大嫌いという方であれば、極力、土の部分を無くして土間コンクリートを打設したり、石を貼り付けたりするとよいでしょう。

また、植栽にも、虫が付きやすいものと付きにくいものがありますので、そういった配慮をしながら楽しむこともできます。

シンボルツリーには、シマトネリコ、オリーブ、エゴノキなどがよく使われますが、この場合気を付けるのは樹種によっては大きく育つものがあるということです。

境界ぎりぎりに多数の木を植えたら、数年後ジャングルのようになってすごいことになってしまったというのはよくある失敗です。

根が太くなりどんどん張り出す（「根が暴れる」といいます）樹種も避けたほうがよいでしょう。例えば、ケヤキやヒマラヤスギなど、場合によっては建物自体が持ち上げられてしまう可能性もあります。

植栽のデザインは、奥に高木、手前に低木といった基本的なルールがありますので、専門家と相談しながら決めていくとまとまりのある庭をつくることができます。

ホームセンターで適当に選んで自分で適当に植えたりすると、統一性のないばらばらな庭になってしまいがちです。ひとくちに庭木、植栽といっても樹種によって、落葉の有無、枝の成長速度や張り方、実や花の有無など様々です。また、建物の雰囲気と合わせた樹種選定を行わないとこれもちぐはぐな感じになってしまいます

カースペース

カースペースの間口と奥行は、駐車する自動車のサイズと前面道路の幅員によって決まります。自動車のサイズは次のとおりです。

	全長	全幅	全高
軽自動車	3400㎜以下	1480㎜以下	2000㎜以下
小型自動車	4700㎜以下	1700㎜以下	2000㎜以下
普通自動車	右記以外	右記以外	右記以外

ドアの開閉と、人が通るスペースを考えると運転席側で700～1100㎜、助手席側で200～300㎜のクリアランスが必要ですから、小型自動車の場合でも2600～3100㎜の有効幅員が

必要だということです。また、車の出入りには内輪差が生じますので車の回転半径を考慮して間口を検討する必要があります。前面道路が広ければ、間口は狭くても大丈夫ですが、前面道路が狭ければ余裕をもった間口の確保が必須です。

ちなみに、縦列駐車の場合は道路幅員の影響はあまりありませんが、道路から見て幅7m×奥行2m程度のスペースが必要です。

仮に、幅3m×奥行5mのカースペースを設けた場合、15㎡の、2台分であれば30㎡の広大なスペースが敷地の一部、しかも一番目立つ場所を占めることになります。

ひび割れ防止のために設けられている抜き目地（スリットライン）部分にタマリュウなどの植え込みをしたり、洋砂利を敷きこんだりすると良い雰囲気になります。

タイルや石を貼ったり、コンクリート仕上げではなくモルタル、砂の上に10㎝角のピンコロ石あるいはレンガを敷き詰めるといった施工も味わいがあります。

和テイストの建物であれば、玉石や細かい石材を混ぜたコンクリートを打設し、半乾きのときに水で表面を洗い流す「洗い出し」、完全に乾いた後にグラインダーで表面をそぎ落とし、石を露出させる「研ぎ出し」といった施工をしてもいいでしょう。

これらは、カースペース全体にしてもかまいませんし、限られた予算の中で行うのであれば道路から60㎝とか、1mとか一部だけに施工してもよいと思います。

外水栓

洗車や散水のために敷地内に水道栓を付けますが、地面に埋め込みフタを開閉して使う形式（散水栓）と、地面から60㎜程度の高さまで柱を立ち上げて蛇口を設置し、下部に水受けを配置する形式（立水栓またはコン柱）のどちらかを選ぶことになります。

見た目をスッキリさせるには散水栓、使い勝手では立水栓に軍配があがります。

・敷地延長を逆手にとる

敷地の一部が細長い通路になっていて、奥に建物が建つ土地のことを「旗竿地」といいます。ほかにも「敷地延長」とか「専通（専用通路の略）」とか「つっこみ」とかいろいろな呼び方がありますが、家が建てられる部分が奥まっていることから長方形・正方形のスッキリした形の土地に比べて安い価格で手に入れられることが多いと思います。

自宅を建てるときに四方が囲まれているのはなんとなく圧迫感がありますし日当たりにも影響しますので、市場で売りに出る価格は弱含みになるわけです。

アパートなどの場合、隣同士の土地どちらに建てても賃料は変わらず、土地価格が大きく変わるのであれば利回り的にも良くなりますから、あえてこういった土地を探す投資家も少なくありません。

一戸建て住宅を建てるときには、前面道路に対して鉛直方向で間口が2ｍ以上確保できていれば、建築に関する制限は特に受けません。ただし、敷地延長の通路部分を駐車場として利用する場合は、車を停めたら降りるのに一苦労とか、車の横をカニ歩きしてすり抜けないと玄関に入れないということを避けるためにも最低でも2・5m〜3・0mの間口は確保したいところです。

アパートなどの場合は、この通路部分の間口によって建築の制約を受けます。

間口2mであれば、都内だと共同住宅（アパート）はNG。代わりに重層長屋という形式（2階住戸の玄関も1階にあって、各戸ごとの階段を使って上がる＝建物に共用部分が無い）の建て方になります。横浜市であれば、共同住宅はOKですが建物面積の上限は100㎡未満。川崎市であれば200㎡まで建築可能です。

そんな旗竿地に建てる住宅、アパート・重層長屋。せっかく建物をおしゃれにしていても現況はただコンクリートが打設されているだけ、あるいはなにもしない状態になっている物件をよく見かけます。

建物にたどり着くまでのアプローチが長いですから、雨の日にぬかるんだり、水たまりができたり、あるいはハイヒールだと足をくじきそうな荒地のような感じだと、毎日出かけるとき、帰宅するときにがっかりします。

アパートなどであれば空室が出たときに決まるものも決まりません。入居者だって嫌気がさして出ていってしまうかも……。

このアプローチを逆手にとってグレード感のあるよい住宅にすることもできます。間口2mで奥行き10mとすれば面積はわずか20㎡。お金をかけてもたかが知れています。

例えば、前述の「ピンコロ」を敷き詰めたり、ウリンなどの腐朽しにくい角材を使ってボードウォークにしたり、玉龍をはじめとした草や低木などの植栽を使って演出したり、足元照明を配置したり。

アプローチは、分譲マンションのモデルハウスや現地、高級住宅地、旅館・ホテルなどを見に行くといろいろ参考になります。

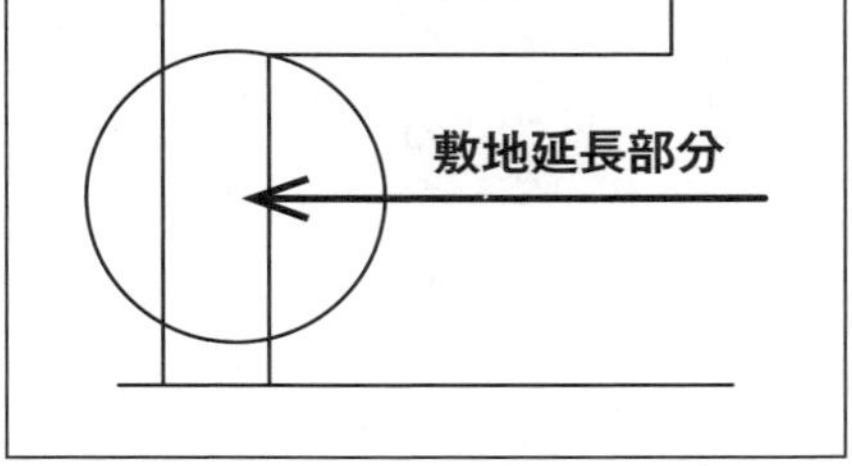

・擁壁

「がけ」の定義は、「高さ2m以上で角度30度以上の斜面」とされ、基本的に擁壁を組む必要があります。がけ地が安い価格で売りにでることがありますが、擁壁の造作のために建築費と同じかそれ以上の出費を余儀なくされることも珍しくありません。

「(素地の価格＋造成費)≧造成不要な更地の価格」になるのであれば、安いと思って買う意味もあまりないかもしれません。眺望や日当たりに優れるといった面はあるかもしれませんが。

擁壁を組むときには、コンクリート製のパーツを一つひとつ積み上げる間知（けんち）ブロック擁壁にするか、鉄筋コンクリートでできたL字型のRC擁壁にするかが一般的です。

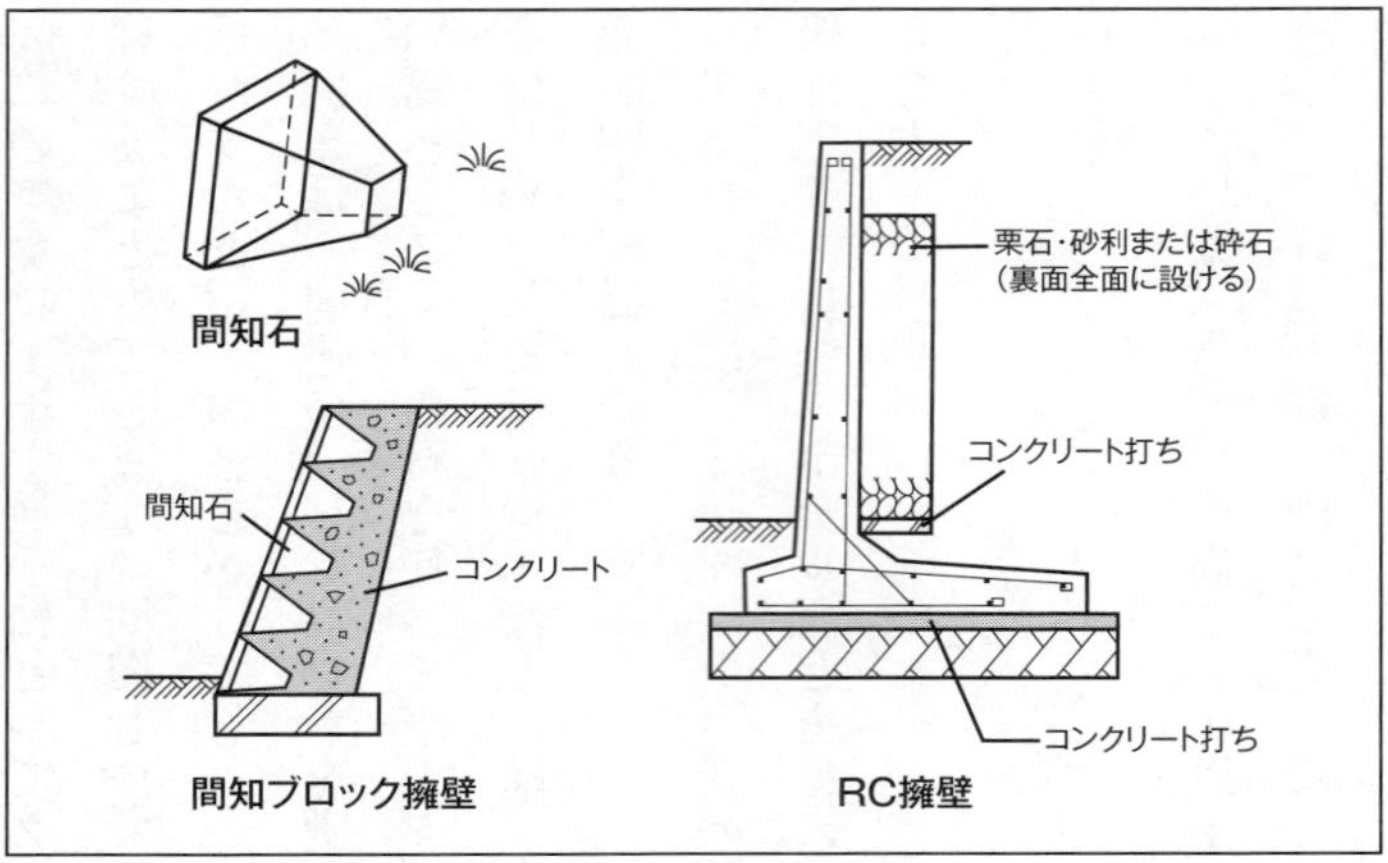

RC擁壁には現地で鉄筋を組み上げ、コンクリートを打設して完成させる形式と、工場で作ったものを搬入・設置する方法がありますが、後者はそれを積んだトレーラーが現地まで入っていけるか、設置するためのクレーンが置けるスペースがあるか、電線など作業を阻害するものが無いかなどにより制限が多くなります。

間知ブロックは安く済みますが、ナナメに寝かせて組みますから高低差があればあるほど有効土地面積が狭くなります。RC擁壁はほぼ直角に立ち上げますので有効土地面積が広くなりますが、コストはより高くなります。

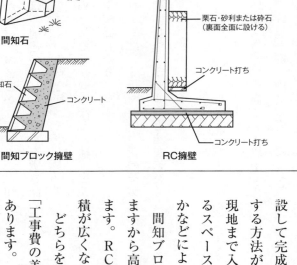

どちらを採用するか迷ったときの判断方法の一つとして、「工事費の差額」と「増える土地の面積」を比較する方法があります。

有効面積を10坪増やすために工事費に500万円の差が出たのであれば、坪単価50万円ということです。近隣の土地価格相場が坪100万円なら実施したほうがよいですし、坪30万円なら考えたほうがいいかもしれません。もちろん、有効面積が狭くなることによってプランが入らないとか利用価値がないといった場合は別です。

古くて大きな亀裂が入った擁壁や、大谷石、ブロック積、石積といった擁壁の場合、建築確認を取るときに、こういった間知やRC擁壁への組み換えを条件とされることが多いのですが、これをせずに許可を取る方法もあります。

要は、安全性の担保ができない擁壁だったとしても、そこに土圧をかけなければそもそも擁壁の強度も必要ないという考え方です。

土（地盤）には、種類によって安定勾配という、「人為的に力を加えないとそれ以上崩れない」という傾斜角（＝安息角）があります。

擁壁の設置を擁しない切土法面勾配（宅地道成等規制法施行令6条1項1号イ）

崖の上端からの垂直法高	（A）5m以下	（B）5m超
軟岩（風化の激しいものを除く）	80度以下	60度以下
風化の著しい岩	50度以下	40度以下
砂利・真砂土・関東ローム層・硬質粘土他	45度以下	35度以下

崖の下端からみて、この角度を超える部分に建物の基礎があれば、建物の重量が擁壁に圧力をかけ

るが、下回る部分まで基礎が達していれば圧力がかからないという見方をします。従って、その角度をクリアする距離まで建物を擁壁から離すか、深基礎にしたり、杭を打ったりすることによってこの条件にあてはまるようにできるのであれば、擁壁の組み直しに比べて大きく予算を抑えることができます。

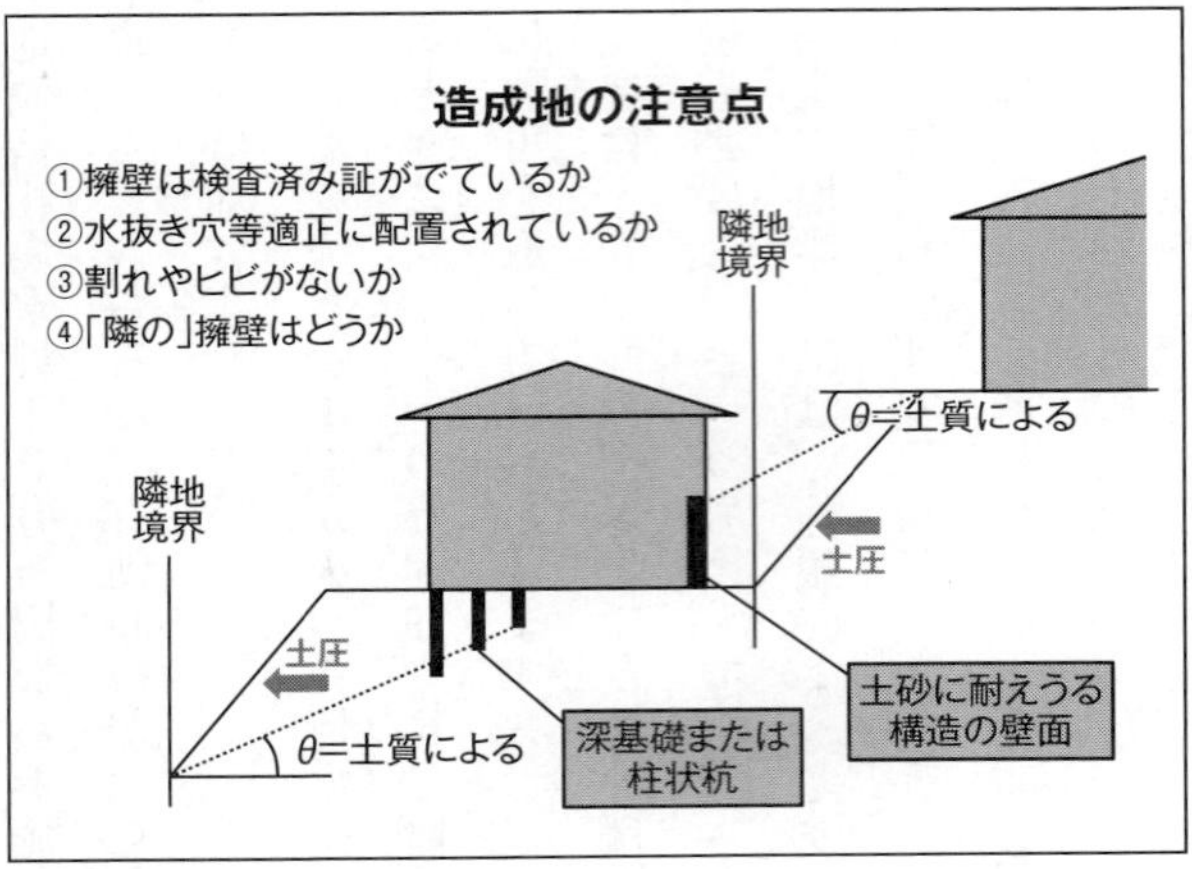

もう一つ、設計者も意外と見落とすのが隣の擁壁です。敷地の隣に同様の古い擁壁があった場合、その擁壁を安全なものに組み直すよう隣地所有者に強制することはできません。でも、その擁壁が万一崩れた場合には、こちらの建物に大きな被害が出る危険性があります。

こういった場合は、どうするかというと、隣地擁壁の上端から、先ほどの角度で下した範囲内に建物がかからないようにするか、かかる範囲をRC構造の強固な壁にするか、同様のRC構造の防護壁を設置するかという対策を講じることになります。

隣地からの距離が近く、崖の高低差がかなりあって、敷地が狭い……といった条件が重なると、場合によっては木造や軽量鉄骨造の建物が建てられないということもありますので、建築計画をする場合にはよくよく注意することです。

検討の進め方

ざっくりと目星をつける

最初に、実現可能性とおよその予算の目星をつけます。詳細の検討に入った後、誤差が出ることが多いと思いますが、ここでは大体の感覚がつかめれば十分という感じでかまいません。

①まず、建築しようとしている敷地の図面を手に入れます。管轄の法務局で測量図を入手できれば一番いいのですが、現況建物の建築確認図面でも確認できますし、場合によっては現地で測って簡単な見取り図を作ってもかまいません。

②測量図は200分の1、250分の1、300分の1と縮尺が様々で統一されていませんから、それぞれの縮尺で使える三角スケールを用意します。電卓で計算して拡大率を決め、コピーで100分

の1に直せば、普通の定規でも十分です。測量図が古い場合は、実際の面積との誤差が大きい場合が多いですから、いずれにせよ再度測量することになると思いますが、ここではそこまで求めなくてもかまいません。

③敷地の面積は何㎡か。管轄の法務局で入手できる登記事項証明書、あるいは権利証、固定資産税納付書などで確認します。これらも実際の面積と相異する場合が多いですが、あまりにかけ離れていなければほぼ合っているとします（広大な土地で分筆を繰り返し、残った最後の土地などは、実際は10㎡しかないのに登記上は３００㎡なんていうこともあります）。

④建蔽（けんぺい）率と容積率を調べます。自治体ＨＰで都市計画図が見られる場合が多いと思います（東京都は都市整備局都市計画インターネット提供サービス、横浜市は行政地図情報提供システム〝マッピー〟など）。建蔽率は敷地に対する建物の投影面積の上限。例えば、土地が30坪で建蔽率60%であれば、30坪×60%＝18坪が1フロアあたりの最大面積ということです。容積率は、建物全体面積が敷地面積の何割まで建てられるかという制限。２００%なら、敷地の2倍の面積、土地が30坪なら60坪ということです。

⑤ボリュームを試算します。先ほどの例であれば、1フロアの上限18坪、総面積60坪ということです

から、階数にすると４階建て（１～３階各18坪、４階６坪。あるいは１～４階各15坪）。実際は、敷地が接している前面道路の幅で２つの制限を受けます。一つは、容積率の制限。その場所が住居系地域であれば道路幅×０・４と法定の容積率とどちらか少ないほうになります。仮に、このケースで４ｍ道路であれば４×０・４＝１６０％ということです。と、いうことは建物面積の上限は30坪×１６０％＝48坪。つまり４階建てではなくて３階建てが上限ということです。１～２階各18坪、３階12坪。あるいは１～３階各16坪というレイアウトになることが予想できます。

⑥もう一つの制限は高さ制限。道路幅が４ｍ程度だと工夫してなんとか３階建てが建つ程度で結構厳しいというくらいの認識でいれば十分でしょう（道路斜線制限は地域によって制限は変わりますが、道路の反対側＋自分が道路から建物を離した距離の部分から、１ｍ手前に来るたびに１・２５ｍ上がる斜線に自分の建物が引っかからないようにするというイメージです。例えば、４ｍ道路で自分の建物を１ｍ道路から離して建てたとすれば、（４ｍ＋１ｍ＋１ｍ）×１・２５＝７・５ｍ。一般的な住宅建築であれば軒の高さは２階建てで約６ｍ、３階建てで約８ｍですからこの場合、３階部分はさらに道路から離さないといけません）。

⑦ほかにも、道路幅が４ｍ未満の場合は道路の中心から２ｍ後退させたところまで建築敷地の計算にいれてはいけない（セットバック）とか、ビルトインガレージは、建物全体面積の５分の１までは

容積率の計算にいれなくてもいいとか様々な軽減措置がありますが、この時点ではまだそこまでの必要はありません。

⑧ここで、およそ建てられそうな面積がわかりますので、それが自分のニーズを満たす面積であるかの検討を加えます。もう希望面積が固まっているならば一番よいのですが、そうでなければ、いま自分が住んでいる住まいの面積＋あとどのくらい部屋が欲しいか、広くしたいかという追加の面積で考えるとよいでしょう。

⑨建築コストは、工法や建て方、ハウスメーカーによって様々です。2階建てよりも3階建て、木造よりも非木造のほうが建築コストは高くなるということを念頭に実現可能性がありそうかどうかを判断します。「○○坪で、○千万円予算で建ちますか？」というシンプルな質問を、この段階ではすることができるはずです。どこに相談しても、「その予算だと……」と言われるようであれば、資金の追加や面積の削減、工法の変更など検討することになるかもしれません。

ボリュームとプランの検討

次に、より正確にどのくらいのボリュームでどんな間取りの建物を建てるかということを検討します。

希望の間取りを入れるには、特定の工法でないと不可能であったり、そもそもその敷地では希望のプランが入らなかったりということがここで明確になります。

建築士の試験では、建築計画（建築の歴史や日照・通風・熱・換気といった自然科学的な分野）・建築法規（建築基準法・都市計画法をはじめ消防法や旅館業法といった内容にまでわたる法規制の分野）・建築構造（建物はどうやって安定したり崩壊したりするか、部材の強度は断面によってどう変化するかといった計算をともなう物理的な分野）・建築施工（工事で使われる建築機械、部材、その使い方。例えば、コンクリートはどういった配合で、どういった練り固さにして、気温何度のときにはどういった養生をするかなど）、それぞれの分野の知識を問う択一式の１次試験と、制限時間内に与えられた条件を満たす設計図面を描き上げる２次試験があります。

２次試験のときに渡されるのは、規定の間隔でマス目が薄く書かれた大きな製図用紙と、「設計条件」が箇条書きにされ、敷地の概略図が記載された問題用紙。

ここには、家族構成や必要な部屋の数や広さ、寸法や種別などがずらずらっと書かれていますが、これを元に与えられた条件を満たす建物を適法に敷地内に収めた図面（平面図・配置図・立面図・矩計図（かなばかり＝部材のサイズと収まりなどを明示した詳細な断面図））を完成させるという試験を行うわけです。２級建築士は５時間、１級建築士は６時間半に及ぶ長丁場の試験です。

逆にいえば、皆さんが自分の家を建てるときには、誰が何畳の広さの部屋を使うか、浴室はどのくらいの広さが欲しいか、キッチンには何人で立つか、冷蔵庫の大きさ、洗面台の大きさ、収納には何をどのくらいしまうか……こういった「どう住みたいか」ということを整理することによって全体的なボリュームや部屋構成が決定されるということでもあります。

プランニングをする建築士は与えられた設計条件を元に作図という方法にもっとも慣れ親しんでいますから、間取りの検討に入る前に、このあたりを明確にしておくと話がスムースに進みます。

もっとも、すべての方がそういった整理ができるかというと、建築士と相談しながらだんだん中身が固まっていくということのほうが多いでしょう。

建築士によってプランニングのウマいヘタがありますが、こういったヒアリングスキルの得手・不得手という部分も差がでる部分ではあります。

予算の検討

ボリュームとプランが出来上がった時点で、その建築はいくらかかるのか？　ということを検討します。この段階であれば、かなり正確な見積もり金額が出せるはずです。ただし、地盤改良が必要かどうかで比較的大きな予算の増減が発生しますので、数万円の費用がかかりますが先に地盤調査を行いデータを用意しておくとより正確な見積もりが出せます。また、地盤に関する近隣データも参考になります。（「地盤安心マップ」http://www.jibanmap.jp/map/main.php）

いくらの予算を使えるのかということは（1）預貯金や買替え物件があればその売却資金、贈与なども含めた自己資金と、(2) 金利・年数・希望返済額などから逆算される融資額で計算することができますが、詳しくは次章「ファイナンシャル・プランナーから見た「けんちくの話」」で取り上げます。

工法と建築を依頼する会社の選定

ボリューム、プラン、予算が決まれば、どこに建築を依頼するかということが絞れてくるはずです。特定の工法にこだわりがあるのであれば別ですが、そうでなければ特殊なプランでない限りは同様の間取りを異なった工法で実現することは可能です。

それぞれの会社にそれぞれのメリットやアピールポイントがあるはずですから、そういった部分も含めて具体的な選定作業を行ってください。

また、ハウスメーカー・工務店はそれぞれ施工可能エリアがありますので、すべての会社と契約を結べるということでもありません。選択可能な会社の中から自分の予算と希望に合った会社を数社ピックアップし最終的に依頼する先を決めることになります。

第２編

◆

ファイナンシャル・プランナーから見た「けんちく」の話

建築と不動産

建築に密接に隣接する業界で、お互いに及ぼす影響が強く、また切っても切り離せない部分が多いにもかかわらず、不動産業界で働くみなさんは意外と建築に関しては、「専門外だから……」と深く学ぶ機会を遠ざけています。

同様に建築業界の皆さんは、こと不動産のこととなると門外漢を決め込んでいる場合がほとんどです。

ビジネスとして捉えた場合、建築と不動産、どちらもカバーすることができれば取り組める仕事の幅がとても大きくなりますし、関わるカスタマーの皆さんが受ける恩恵や満足度も大きくなるはずですが、両方の業界に身を置くものとして、なかなかこの壁を取り払うことは困難であると実感しています。

そして、どちらも住宅ローンについては詳しくとも、ライフプランや金融工学的なファイナンスリテラシーについては専門外という場合がほとんどです。

「ご主人と奥様、それぞれのご年収を合算すると、○千万円のローンが組めますから……」と提案されても、一つとして同じ家族はなく、お金の使い途や価値観、そして住宅にまわせるお金も違うわけです。

また、その年収がいつまでも維持できる保証はありませんし、出産や進学、親の介護など家族構成や出費の変化があってあたりまえですから、そういった部分も踏まえて余裕ある計画を立てる必要があるわけです。

あるいは、ローンだけでなく、固定資産税や住宅が大きくなることによって増える水光熱費、将来発生する修繕系の費用部分といった維持コストも含めた予算計画が必要だということも忘れてはいけません。

住宅建築では、その敷地も併せて探すというケースもあります。

その場合には、そこが果たして自分が求める生活を手に入れるという目的を達成するためという意味合いにおいての「家」を建てるのにふさわしい場所なのか、果たしてその価格は市場で流通する商品としての「不動産」という観点から見て適正なのか、将来的にみた場合大きくその価値を損なわないか、といったことは少なからず判断に影響を与えるべき項目となるはずです。

そのときには、取引相場や近隣の事例、市場性や流動性といった不動産的な視点が必要になってきます。

例えば、その土地を買って建物を建てた場合、将来転売という選択肢も作っておいたほうがより人生の自由度が大きくなりますし、投資的な観点で自宅をとらえることもできるようになります。その場合、その地域で取引される価格帯や敷地の広さなどは有用な情報になります。

地域によっては、「そこだけは選ばない」という烙印を押された場所というものもあるかもしれません。学校やスーパーなど生活インフラができる、あるいは廃止されるといったことも大きく影響するでしょう。

そこをよく知っていて、まさに希望の地であり終の棲家として骨をうずめる覚悟があるということでなければ、そういった、市場で流通するモノとして住宅をとらえられるかどうかが、人生計画の中で住宅建築を失敗させないためのポイントともいえます。

1．建築予算の組み方

では、無理のない予算はどのように立てるかという方法についてみていきましょう。

住宅ローンを組む場合、金融機関の規定では、税込み年収に対して、30〜35％、年収が高ければ40％程度の負担割合であれば返済可能という規定になっている場合がほとんどです。

年収５００万円で返済負担率30％であれば、１５０万円の返済負担、年収１０００万円で返済負担率40％であれば、４００万円の返済負担ということです。年収が高いほど返済比率は高くてもＯＫとなりますし、実際、可処分所得も多くなりますが、それでもこの負担金額を見て大丈夫だと思う人は少数派だと思います。

給与・賞与を合わせた年収からはまず所得税・住民税が差し引かれます。家族構成や配偶者の収入の有無や金額にもよりますが年収500万円であれば給与所得控除、基礎控除、配偶者控除・扶養控除等を勘案したとして、合わせて30~40万円程度の税金が天引きされているはずです。

そして、もう一つ健康保険・介護保険・厚生年金・雇用保険などの社会保険料。

健康保険は給与所得の5％程度、厚生年金は8％前後、雇用保険は0.5％前後となりますからこれらも70万円弱。つまり、額面500万円もらっていても、手取り収入は400万円前後ということです。

年収500万円に対して35％＝175万円のローン返済をするということであれば、手取り収入400万円に対しては実に44％近い負担割合になるということです。

さらに、手取り収入のなかから諸々の生活コストがかかり、将来に備えた貯蓄にまわす分も確保したうえで、はじめて残ったお金を家賃なり住宅ローンなりにあてることができるということを忘れてはいけません。この例でいえば、400万円マイナス175万円＝225万円。つまり、月平均19万円弱でこれらを賄わないといけないということです。

同様に、年収1000万円であれば、所得税・住民税は160万円前後、社会保険料は140万円弱。あわせて300万円程度は差し引かれますので、手取り収入は700万円前後になります。

額面収入1000万円に対して40％＝400万円のローン返済であれば手取り収入の700万円からこれを差し引いた300万円、つまり月平均25万円のなかで食費・学費・交通費・被服費・こづかいなど、生活の一切を行う覚悟が必要です。当然、家を維持するための固定資産税や様々なコストもここから捻出する必要があります。

家計負担のなかで理想的な居住費割合は20%という国交省のアンケート調査があります。

これに則って考えると、年収1000万円の場合の居住費相当額は年間200万円。仮に、固定資産税を10万円、その他の維持コストを20万円とすれば、年間170万円をローン返済に充てられるということです。月額にすれば約14万円。仮にローン条件が元利均等返済、年利1・8%、返済期間30年であれば4000万円弱の借入相当になります。借入限度額は9260万円ですから5000万円以上の差があるということです。

このケースに当てはめると住宅ローンや住宅の維持コスト以外で生活費に充てられるのは年間500万円（月額41万6666円）となり、貯蓄も含め十分な余裕のある生活を送れると思います。

ただ、これもアンケート調査をもとにすると……という前提条件ですから、各家庭の状況を勘案しながら計算していく必要があります。

ちなみに、年収500万円の先のケースであれば、住居費負担が100万円、固定資産税・その他維持コストを先ほどと同等の30万円とすれば、年間ローン負担の上限は70万円。月額約5万8000円ですから、やはりローン条件が元利均等返済、年利1・8%、返済期間30年であれば約1620万円の借入相当になります（借入限度額は3470万円）。

ＦＰが家計診断を行うときには、最初のステップとしてまず、相談者の家庭全体の収入と収入増加の可能性を確認します。専業主婦である配偶者が働きに出たり、本人がバイトなど副業をもったりと家計全体での収入を増やすということも家計を健全にする有効な方法だからです。

ただし、仮に奥さんの収入をあてにした場合、ライフプランにおいて妊娠出産といったステージが考えられるのであれば、前後１年間の就業は困難と考えられますのでその時期の収入確保はどうするかということを検討しなければいけなくなります。

出産後も、子育てに関して乳幼児の時期に母子が一緒にいる時間を増やしたいという意向であれば、収入が減り、すぐに仕事の現場に復帰したいという意向であれば保育園等の支出が増えることになります。

いまはまだ、一般的ではありませんが夫においても同じことがいえる可能性も高くなるでしょう。

夜間や休日といった就業時間外にバイトをしたりするのも、そもそも勤務先で禁じられている場合もありますし、加齢とともに体力的な限界がくることもあります。副業が本業に悪影響を与えてしまっては本末転倒です。

近年脚光を浴びている不動産投資の世界には、多くのサラリーマンの皆さんが参入されていますが、こういったことを踏まえていろいろな検討をした結果、これに辿り着いたというケースが非常に多く見受けられます。

不労所得とはいいませんが、きちんとした仕組みさえ作ることができれば、他のビジネスや副業に比べて比較的安定的に、また手間をかけずに一定の収入を増やすことが可能です。

ただし、この「きちんとした仕組み」を作るという点で間違えると、収入アップどころか大変な目に遭うことになりますので、仕組みを十分に理解し（そうはいっても、そんなに難しくありません）、しっかりしたパートナーと組むことが重要です。

仕組みの理解に興味のある方には、拙著『不動産投資の正体』、『誰も書かなかった不動産投資の出口戦略・組合せ戦略』（いずれも住宅新報社刊）をお勧めします。

家庭全体の収入と収入増加の可能性に関しての検討が済んだら次に検討するのは、費目ごとの支出額に関するヒアリングを実施し、家計上どこに問題があるかということと、これを抑制できる可能性がないかという部分です。家計簿をつけることが習慣になっていれば、そこから数字を読み取ることができます。

家計簿で管理すべき費目は特に決まりはありませんが、一般的には以下の項目にすることが多いと思います。

1 食費……食品・飲料・外食・嗜好品
2 衣服費……服・靴・バッグ・アクセサリー・クリーニング
3 住居費……家賃・更新料・住宅ローン返済・修繕費

4 水光熱費 ……上下水道・電気・ガス
5 医療／生活用品費……病院・医薬品・日用品・雑貨・家具・家電・文房具
6 通信費 ……携帯通話料・固定電話・インターネット・郵便・宅配便
7 交通費 ……定期券・公共交通・ガソリン
8 教育娯楽費 ……学費・塾・習い事・部活・書籍・雑誌・映画・CD・飲み会
9 交際費 ……中元・歳暮・慶弔
10 保険／税金 ……生保・医療保険・損保・自動車保険・固定資産税・自動車税
11 その他支出 ……こづかい・ペット・理美容院・化粧品

一般的には、住居費（所有・賃貸に関わらず）・子供の教育費・マイカーに関連する費目が過重になりがちですが、これは、家族構成によっても違いますし、就学児童の年齢、教育方針、趣味や優先したいこだわりなどによって様々です。住まいのために、人生のいろいろなことで我慢や不便を強いられるということであれば、それと引き換えにする価値があるかという天秤にかけないといけませんし、それは賃貸住まいで家賃を払っている場合でも同じことがいえます。また、住まいに価値観を持ち、それが人生における満足感や幸せ感を高めるものと強く感じるのであれば、ほかの生活を削ってでも満足のいく住まいを手に入れるということが正しい選択肢かもしれません。何十年にもわたる期間の「生活の質」というものは決して軽くはありません。

つまり、年収の何パーセントの返済負担とか、年収の何倍の住宅ローンといった画一的な答えは無いということです。

家づくりは、家族が何を大事にしたいか、何を実現したいかということを話し合うよい機会でもあるということです。


諸費用も含めた建築の総予算は、このような計算で出された返済可能額（希望額といったほうがよいかもしれません）から逆算される借入額と自己資金の合計が上限ということになります。そして、返済できる金額から逆算して出る「借入できる金額」は、金利と返済年数によって変わります。

例えば先ほどの例で、年収１０００万円のケースでは返済月額約14万円、元利均等返済、年利１・８％、返済期間30年で４０００万円弱の借入相当という計算は、まったく同じ金利で返済期間が25年であれば、約３４２０万円、20年であれば約２８５０万円、15年であれば約２２３０万円、10年返済であれば約１５５０万円が借入額となります。


年収５００万円のケースでは返済月額約5万8千円、元利均等返済、年利1・8％、返済期間30年で約１６２０万円の借入相当という計算は、返済期間が25年であれば、約１４００万円、20年であれば約１１７０万円、15年であれば約９２０万円、10年返済であれば約６４０万円が借入額となります。

そして、これらに、自己資金を足したものが諸費用一切を含めた建築予算ということです。

2. ライフプランの考え方

ライフプランは、いま現在の家計だけではなく、将来にわたってどのように家計が変化していくかということを時系列で追っていくという考え方です。

皆さんご自身も歳を重ねるごとに収入の変化が良くも悪くも訪れますし、子供がいれば幼稚園・小中高・大学、あるいは予備校や習い事など教育費の負担も変化します。公立に入れるか私立にするか、理系か文系かといったことでも大きく負担額は変わります。

そのほか検討しなければいけない家計の変動要因は、自家用車の車検や買い替え、自宅の補修やリフォーム（持家）・更新料や賃料値上げ（賃貸）、生命保険、医療費、実家への里帰りや親の介護などもあるでしょう。

これらを、一つひとつエクセルに入力して、どのタイミングでいくらを余剰金として預金に充てられるか、あるいは不足して取り崩すかということを見ていくことで、家計の全体像を時の変化とともに一覧するということができます。

参考（年額）

・保育園（横浜市平成26年・所得税20万円（年収５００万円程度）の場合）※横浜市ＨＰ
３歳未満60万２４００円（第二子27万１２００円、第三子無料）

３歳以上33万９６００円（第二子15万２４００円、第三子無料）

幼稚園・小中高校（学費・給食費・課外活動費を含めた学習費総額）※平成24年度文部科学省子供の学習費調査

・幼稚園　公立　23万　１００円　私立　48万７４２７円

・小学校　公立　30万５８０７円　私立１４２万２３５７円

・中学校　公立　45万　３４０円　私立１２９万５１５６円

・高　校　公立　38万６４３９円　私立　72万２２１２円

大学（授業料及び入学金＋施設設備料）※文部科学省平成25年学生納付金調査　ひとり暮らし・下宿に関する費用、通学交通費等は除く）

国公立　　授業料　53万７９３３円　入学料（地域外の場合）39万７９０９円

私立文系　授業料　74万１９４５円　入学金＋施設設備料　41万１３３４円

私立理系　授業料１０３万５９５５円　入学金＋施設設備料　45万５５２４円

私立医歯系　授業料２８０万３１６５円　入学金＋施設設備料　１９１万８１０９円

その他学部　授業料　93万９２４５円　入学金＋施設設備料　51万８１２５円

全平均　　授業料　　85万9367円　　入学金+施設設備料　　45万6515円

教育費以外の比較的大きな出費に関するチェック項目

生命保険に関して
- 死亡保険
- 医療保険
- 終身保険
- 個人年金保険
- 学資保険

マイカーに関して
- 自動車保険
- 車検整備代
- 自動車税・重量税など
- 整備・修理代（タイヤ交換など含む）
- ガソリン代
- 駐車場代
- 車種と車両代

・何回車検を通すか（何年乗るか）

その他ローンに関して

・カードローン

・マイカーローン

・教育ローン

・奨学金

家電・家具に関して

・冷蔵庫

・洗濯機

・エアコン

・TV・オーディオ

・パソコン

・スマートフォン・携帯電話

・家具（学習机・ベッドなど）

・その他

旅行・イベントに関して

・家族旅行

- 帰省
- 結婚式
- 留学

普段の生活費全般については、家計簿を見ながら判断します。

3. どこできつくなるか

ライフプラン表を作っていくと、支出が収入を上回り赤字になる年が出てくることがあります。その年には、預金を取り崩したり借金をして支払いに充てることになりますが、それが続くと現金資産を借金が上回る債務超過の状態になります。

どこかで、身の丈に合わない過剰な出費をしているということになります。

人生の三大身分不相応は、1. 住宅（購入・賃貸限らず）、2. 子供の教育費、3. マイカーであると著書で喝破した方がいらっしゃいましたが確かに多くの場合この3つがポイントとなります。

一般的なライフプラン表では、子供が高校・大学に進学するタイミング、自動車の買い替えのタイミング、住宅の住み替えのタイミングで大きな出費を生じます。

子供が生まれ、就学する30~40歳代では、収入に対する負担が比較的多く、家族構成の変化に伴う住宅住み替えも併せて家計を圧迫します。

夫婦で協力して就労による収入を上げようと頑張ると保育費など出費も比例して上がってしまうジ

レンマに陥るのもこのころです。

50歳代では収入面のゆとりが最も大きくなりますが、子供の教育に関連した出費のピークもこのタイミングに重なることが多く、思ったよりも余裕はないはずです。

また、そこから10年足らずのうちに訪れる定年後の生活は、まとまった現金資産が増える退職金の受け取りを最後に、60歳代以降は慢性的な赤字生活を過ごすことになります。子供の教育費などは終了しますので、そのあたりの負担は減りますが、今度は加齢に伴い医療費負担が大きくなってきます。高齢社会ですから、60～70歳代の子供が80～90歳代の親の面倒をみる老々介護の問題も考えないといけません。これらは決して特殊なケースではありません。

4. 所有しない選択肢

住宅を建てない、買わないというのも一つの選択肢です。

その場合、どこに住むかということを考える必要があります。通勤や通学、暮らしたいコミュニティなどの問題が無く、実家が持家でそこにそのまま住まいることができるのであれば、別に住宅を買う必要はないでしょう。ただし、その建物が老朽化したときには改修工事を行うか、建て替えるかという判断をすることにはなります。

勤務先が用意してくれた社宅にほぼ無料で住むことができたり、手厚い住宅補助があるのであればこれも住宅を手に入れる必要性は無いかもしれません。でも、負担が軽い分を将来の会社規定の変更やリストラ・定年に備えて貯蓄していないと、いつかその恩恵を受けられなくなる日が訪れることになったとき、あわてることになります。

単純に賃貸住宅暮らしということであれば、毎月の賃料に加え数年ごとの更新料支払いや引っ越した場合の敷金・礼金など、やはり住居費負担からは逃れることができません。

さらに、定年によって給与収入が絶たれたあとでも関係なく住まいを借りるときには、家賃支払いが必要です。

もちろん住宅、持家で住宅ローンが定年後も残っていたりすると同様の問題を抱えることになりますが、購入予算やローン年数、繰り上げ返済といった要素でローン終了時期をコントロールすることができますし、市場性があり、流動性の確保できる物件であれば売却によってまとまった現金を得るという選択肢は、居住期間中に発生する居住コストが所有・非所有同等であったというケースではその分、有利になります（非所有のほうが居住コストが低い場合であれば、差額を貯蓄・運用することによって、所有の場合の売却手取り金に相当する金額を得ることもできます）。

さらに、定期収入がない人や高齢者には入居審査のハードルがとても高くなります。それでも借りることのできる物件はありますが、大抵はそういった人でないと借手がいない競争力のない物件ということになりますので、立地条件や物件自体に様々な問題点を抱えていることを覚悟する必要があります。

総務省　家計調査年報２０１０年　高齢無職世帯の家計収入というデータでは、「老後にかかる生活費」として、月額24万４６１９円としています。このうち、住居費は1万４５４６円となっていますので、この数字は持家が前提となっていると考えられます。

家賃５万円のアパートに住むつもりであれば、生活費は28万円、ということです。

ちなみに、同調査によると「ゆとりある老後」のためには月額37万９０００円の生活費が必要とされています。ゆとりある老後に相応しい住まいの家賃が10万円とすれば50万円近い生活費を確保する必要があるということです。

仮に年金収入を夫の厚生年金16万円、妻の国民年金７万円とすれば、家賃が無かったとしても、まだ最低必要収入には毎月５万円不足します。家賃を５万円に抑えたとしても、10万円の差額をどうやって埋めようかということになります。60歳から90歳までの30年間で考えた場合、差額10万円×12か月×30年＝３６００万円の現金を取り崩すために用意しておくということです。同様に、「ゆとりある老後」と「ゆとりある住まい」の合計が月額50万円ということであれば、差額27万円×12か月×30年＝９７２０万円ということになります。

5. 老後の選択肢

無事に長生きすることができれば、誰にでも老後が訪れます。万一、家族を持ったあなたが不慮の事故や病に倒れた場合、残された家族は悲しみとともにその後の生活を考えないといけなくなります。

住居費もその生活費の大きな一部です。

住宅ローンは、団体信用生命保険という死亡・重度障害などでローン返済不能になることを避けるための融資残高相当分を弁済する保険に加入することが要件になります。保険料は、金利に含まれていて別途負担する必要もありませんので、そういった保証的な部分が「持家」の大きな優位性のひとつとして指摘されています。

では、住まいを所有している場合の老後の優位性、あるいは選択肢についてはどのようなことがあるでしょうか。

1．ローン完済とともに住居費負担がほぼなくなるのでそのまま住み続ける

これについては、前項で触れたとおりですが、実際は快適に住み続けるためにそれなりの改修や改善が必要であり、その出費も見込まないといけません。この負担を抑えるためには、定期的なメンテナンスを心がけたり、建築する段階で建物の耐久性や維持管理の容易さを踏まえた計画をすることによって解決します。

2．売却して現金化

ローンがまだ残っていたとしても、売却代金で弁済できるのであればいつでも売却することができます。定年をめどにローン返済期間を設定しているのであれば、売却代金から数パーセントの売却コ

ストを差し引いた分がまるまる手取り現金となります（売却利益が出た場合、譲渡所得税が課せられますが、住宅の場合、居住用資産の３０００万円控除内に収まり非課税の場合が多いと思います）。

この資金の一部を使って維持管理コストの安い、より小さく新しい住まいと老後の生活資金を同時に手に入れるということも可能です。

また、この資金を元に収益物件を購入して老後資金に充て、自らは賃貸住宅暮らしという選択肢も悪くありません。

3．リバースモーゲージ

住宅ローンは、購入した自宅を金融機関に担保として提供し、毎月の返済を約定することによって購入のための資金を借り入れします（モーゲージローン）。

リバースモーゲージとは、この逆で、ローンを完済した自宅を金融機関に担保提供したうえで、そこに住み続けながら月々決まった金額を口座に振り込んでもらうという商品です。

欧米では広く利用されている制度ですが、我が国ではなかなか普及に至りません。

その大きな原因は不動産の評価制度の違いであり、現行の日本の制度ではこの商品が必要になる老後の時期には、現役時代に建てた建物の価値がゼロになっていて十分な担保評価が出ないからです。

リバースモーゲージは、担保評価を割る金額は出しませんから、評価が低いとなると月々の現金を受け取っているうちに、かなり早い段階で売却も踏まえた繰上げ返済を迫られることになり現実的ではなくなります。

この評価制度の問題は建物の減価償却の考え方に起因すると考えられています。

国交省では、この問題を解消するために「中古住宅流通促進・活用に関する研究会」を立ち上げ、研究を行っています。

日米の住宅流通における中古住宅のシェアを比較すると、米国の90・3％に対して、日本はわずか13・5％にしか過ぎません。

日本の居住用建物に関する法定耐用年数は、木造22年、軽量鉄骨19年または27年（鉄骨厚みによる）、重量鉄骨34年、鉄筋コンクリート47年と構造別に決められています。

そして、この期間を経過してしまった建物を新たに取得する場合については、この法定耐用年数の20％相当の期間を減価償却期間として計算することになります。

築後30年経った木造住宅であれば、22年×20％＝4年（小数点以下切り捨て）ということです。また、法定耐用年数未経過の場合は、（法定耐用年数－築後経過年数）＋築後経過年数×20％という計算をします。築後10年を経過した木造住宅であれば、（22年－10年）＋10年×20％＝14年で償却するということです。

つまり、建物の維持管理状態に関係なく、時の経過とともに建物の価値が画一的に失われていくということを意味します。

一方、米国の法定耐用年数は、居住系建物27・5年、非居住系建物39年。この二つしかありません。しかも、新規に取得した人は築年数に関係なく、あらたにこの耐用年数を使うことができます。築50年だろうが100年だろうがです。

国交省のこの研究会には、オブザーバーとして金融庁が参加しているそうですが、古くなった建物の価値が適正に評価されることによって、リバースモーゲージの制度が我が国で普及することは、少子高齢化・年金問題の解決に大きく寄与すると考えられています。

4．賃貸併用住宅やアパート・マンション・貸家・駐車場として定期収入を得る

自宅の立地が収益を生む利用に向いているのであれば、思わぬ高収入を生み出すことも可能です。詳しくは次章で計算式や取組のしかた、判断の方法など含めて解説します。

第３編

◆

ＣＰＭ（不動産経営管理士）から見た「けんちく」の話

所有・賃貸の損得計算

マイホームの話になると、必ず出てくるのが「「持家」がトクか、「賃貸」がトクか」という永遠のテーマ。あちこちの、マネー雑誌や住宅雑誌でことあるごとに取り上げられます。皆さん、興味のあるテーマなのだと思います。

住宅ローンと家賃負担で比較されることもありますし、資産形成で比較されることもありますが、おおむね不動産・建築業界の雑誌やＨＰでは持家有利という結果が導き出されますし、金融商品系の雑誌では賃貸有利になりがちです。

どちらも、ポジショントークが入ってあたりまえですから仕方がないことです。

持家の場合、住宅ローン以外にもかかる負担を見落としがちです。

- 修繕費・改修費、固定資産税・都市計画税、火災保険・地震保険。

逆に、賃貸暮らしをしているとかかる特有の負担だってあります。

- 家賃・更新料・持家の場合金利に含まれていて負担する必要が無い団体信用生命保険料相当額の保険料。

資産インフレ傾向であれば持家有利・賃貸不利、資産デフレであればその逆です。

住宅ローンが終わったあとの持家はランニング・コストの負担だけで誰にも追い出されることのない自分名義の住まいに住み続けることができ、賃貸暮らしは一生家賃を払い続けないと行くところがなくなる……といった不安要素の差も大きいでしょう。

物理的なものに限らず、持家同士のコミュニティーと賃借人同士のコミュニティーのどちらが快適かなんていう推し量りづらい要素もあると思います。もちろん、満足感などのプライスレスな部分も比較しにくいですね。

こういった、数値化しにくい部分を除いてお金の部分だけに焦点をあてて比較する場合、結局は不動産の価格と賃料の関係によって有利不利が変わりますので、どちらかというと「地域によって」「規模や間取りによって」というのが実際のところとなります。

だからこそ、この論争に答えが出ないわけです。それぞれの意見を言う人が思い浮かべている市場や条件が違えば、それはいつまでたっても意見が相容れることはないということです。

では、その損得勘定を比較するにはどうすればいいか？

ＣＰＭ（米国認定不動産経営管理士）の姉妹資格であるＣＣＩＭ（米国不動産投資顧問資格）の授業のなかで「テナントの投資分析」というセクションがあります。

この資格は、複数の収益物件のなかからどの投資がもっともすぐれているかという判断を行ういわゆるアセット・マネージャーのための資格ですが、「賃料を払ってくれている入居者（テナント）は、買うか借りるかという判断をどう行うか？」ということを彼らはいつも知りたがっているわけです。

それは、持家にしようか賃貸にしようかと思い悩む皆さんにとっても役に立つ判断方法ともいえます。やり方は、カンタン。ディスカウント・キャッシュフロー（DCF）法という金融工学の応用ですが、難しいことは抜きにしてエクセルに機械的に入力して損得を判断することができます。

計算が面倒だという人のためにに考え方だけをご紹介すると、「購入の場合と賃貸の場合のお金の出入りの差額を出して、もう一つそれがいつなのかというタイミングを見て損得を比較する」というもの。賃貸のほうが負担額が少なければ借りればいいし、多ければ買えばいいしということです。

①エクセルのA列にまず、スタート時点を0、初年度を1として、最終年（住まなくなるであろう年。何年後でもかまいません）まで数字を振ってください。

②B列は購入した場合のお金の流れを入れます。ここには、「物件を購入した場合に出ていくおカネ」を年単位で入力してください。出ていくおカネは「マイナス」です。

スタート時点では、頭金・仲介料・登記費用・火災保険料・取得税・印紙税のほか住宅ローンを組むのに必要な諸費用（抵当権設定登記・事務手数料・印紙・保証料など）が必要です。

初年度からは、ローン返済のほかに固定資産税・都市計画税、区分マンションであれば管理費・修繕積立金も入れてください。

室内外のメンテナンスやリフォームのコストも何年かごとにかかるのでこれも反映させないといけ

ません。メンテナンスコストは、規模や頻度にもよりますが一般的な住宅の場合10年ごとに１００万円程度はかかるといわれています。

そしてＢ列の最後の年には（ここが重要ですが）売却予想金額から、ローンの残債、売値の４％程度の諸費用、譲渡税（住宅の場合、利益３０００万円までは非課税なのであまりかかることは無いと思いますが）を差し引いて手元に残る金額を計算し、入力します。この場合は「入ってくるお金」ですから「プラス表記」にしてください。

③Ｃ列は賃貸で借りた場合のお金の流れを入れます。ここには、②と同様、「賃貸で借りた場合に出ていくおカネ」を年単位で入力してください。やはり、出ていくおカネは「マイナス表記」にするところを注意してください。スタート時点では、敷金・礼金・仲介料・借家人賠償保険などがかかるでしょう。

初年度からは家賃、そして2年ごとに更新料、最後の年には敷金返還や原状回復工事の負担などの要素が加わります。家賃の上昇や下落（あまりないかもしれませんが）も反映可能です。

④ここまでできたら、Ｄ列に「Ｂ列マイナスＣ列」の計算式を入れます。そうすると、購入した場合（Ｂ列）と、賃貸で借りた場合（Ｃ列）の差額が出てきます。正の場合は「購入のほうが出費が少ない」、負の場合は「賃貸のほうが出費が少ない」ということです。

⑤そして、（あ）数字を入力したセルの下の空白セルを選択し（い）欄外上部左にあるfxという関数ウィザードを開き（う）関数の検索欄でNPV（正味現在価値）を選択し（え）割引率欄はゼロを入力（お）値1欄に入力済みのセルをすべてドラッグして選択……。この作業をB列、C列、D列それぞれに行い計算結果を出します。すでに、B列で関数を入れてありますので単純にNPVのセルをドラッグコピーすれば簡単に作業が終了します。これもやはり④と同じBC列間の差額が出ます。正であれば購入のほうが出費が少ない、負であれば賃貸のほうが出費が少ないという意味合いはここでも同じです。

⑥そして、このD列のNPVを計算したセルの下にある空白のセルをさらに選択し、エクセル関数ウィザードfxで「IRR」を選択し、「範囲」の欄にNPV以外の④で出てきた差額の数値をすべてドラッグ選択します。空白だったセルには何パーセントという数字が出てくるはずです。

⑦これで作業は完了です。NPV、あるいはIRR。この数字が大きければ大きいほど購入したほうがよい、小さければ小さいほど（あるいはマイナスであれば）借りたほうがよいという判断基準になります。

⑧ただし、この考え方はあくまでも前述のように出費の多寡と、お金の価値の時間的変化を数字で比較しただけですし、インフレで賃料が上昇・購入した物件価格の上昇、あるいはデフレで賃料が下落・購入した物件価格が下落といった将来の経済環境の変化もあくまでも予測にしか過ぎず、また、

そこに住む満足感や必要性、住みたい物件の有無といった要素もここでは反映されない……ということを念頭に置いてください。

では、実際にエクセルで試しに計算してみたいという方のために、例題をご用意しましょう。

設定条件　保有期間10年

「購入（Ｂ欄）」購入時支払い５１０万円、返済と固定資産税等の負担毎年１３０万円、売却年の手取り６２０万円（最終年も負担が１３０万円なので実際の手取りは４９０万円）

「賃貸（Ｃ欄）」入居時支払い80万円、家賃支払い通常年２４０万円、一年おきに更新料20万円。つまり、奇数年２４０万円、偶数年２６０万円。

これで、先ほどの作業を行ってみてください。

「差額（Ｄ欄）」は初年度マイナス４３０万円、奇数年プラス１１０万円、偶数年プラス１３０万円、最終年プラス７５０万円。

ＮＰＶは各マイナス１１９０万円、マイナス２５８０万円、プラス１３９０万円。そしてＩＲＲは28・７２％になると思います。

この場合は「購入」という選択肢に軍配が上がるということになります。複数の選択肢があるとき

NPVの割引率		0%			
年末	購入の場合のキャッシュフロー	-	賃貸の場合のキャッシュフロー	=	差額のキャッシュフロー
0	(510.00万円)	-	(80.00万円)	=	(430.00万円)
1	(130.00万円)	-	(240.00万円)	=	110.00万円
2	(130.00万円)	-	(260.00万円)	=	130.00万円
3	(130.00万円)	-	(240.00万円)	=	110.00万円
4	(130.00万円)	-	(260.00万円)	=	130.00万円
5	(130.00万円)	-	(240.00万円)	=	110.00万円
6	(130.00万円)	-	(260.00万円)	=	130.00万円
7	(130.00万円)	-	(240.00万円)	=	110.00万円
8	(130.00万円)	-	(260.00万円)	=	130.00万円
9	(130.00万円)	-	(240.00万円)	=	110.00万円
10	490.00万円	-	(260.00万円)	=	750.00万円
11		-		=	
12		-		=	
13		-		=	
14		-		=	
15		-		=	
16		-		=	
17		-		=	
18		-		=	
19		-		=	
20		-		=	
NPV=	1,190	NPV=	2,580	NPV=	1,390
				IRR=	28.72%

にはそれぞれ同様の計算をして比較するとよいでしょう。

マイホームを投資として考えると

不動産投資をする方から、収益物件と自宅とどちらが先がいいですか？ という質問をよく受けます。もちろん、資産背景・属性や投資戦略、家族構成などによって様々ですが、いくつかヒントを。

⑴現在賃貸中で、家賃支払いをしている場合。特に居住コストが高い場合は、投資家である大家さんに成り代わって自分が大家になり自分から家賃を受け取るという視点で住宅を探し、「フルローン×長期返済期間×低金利×税優遇」の住宅ローンで手に入れると良い投資になります。計算上は空室損も賃貸管理費用も不要ですから普通の投資物件よりもハードルは下がりますし、家賃の割に物件が安いというのをみつけることができれば、さらに良い投資になります。

⑵住宅ローンは、ほぼフルローンで借りられますから、こちらには自己資金はあまり入れずに、収益物件に予算を回すといいでしょう。年間返済額÷融資額＝ローン定数（Ｋ％）となりますが、どんなアパートローンよりもこれが低くなるはずです。

⑶居住しながら、融資残高はどんどん減っていきます。⑴の計算で投資として合う物件であれば実際

の返済額＋運営費の合計額はその物件の家賃相場よりも少ないはずですから、入居者としての自分は相場の家賃を大家としての自分に支払い、大家としての自分はそれで得たキャッシュフローを使って、収益物件に再投資するなり住宅ローンを繰り上げ返済するなりしていくことができます。

(4)住宅ローンを全額返済し終われば、そこから先は「賃貸住宅に転用してはいけない」という銀行のシバリから晴れて解放されますから、そのあとは他人に貸してローンなしの分厚いキャッシュフローを得るもよし、売却してまとまった投資資金を得るもよし（売却は、ローン残があっても可能です。市場の動きがよかったら途中で売って現金化してもいいでしょう）。

現在、個人的には自宅以外にアパート・一棟マンション・区分マンション・貸家・貸店舗など複数の不動産を所有・運営していますが、一番最初に買った記念すべき不動産は、23歳で結婚した時に手に入れた新居としてのマイホームでした。

築10年を過ぎた3DKで、かなり内装が傷んでいたものを1450万円で購入し、ベージュピンクと濃淡のグレーを基調にリフォーム。家具や設備を黒に統一してと、いま振り返ってもなかなかのものではなかったかと思います。もっとも、当時の三菱銀行の店舗内装が気に入っていて参考にさせていただいたのですが。

この横浜市住宅供給公社が分譲した中古のマンモス団地は、人気があっていまでも30年前の当時と変わらない価格（1400万円前後）で取引されています。そして内装がぼろぼろな部屋と、リフォーム済みでは300万円程度の価格差がありますので、

①内装がぼろぼろの部屋をフルローンで買って100万円くらいのリフォームをする。

②何年か住んで、ローンが減ったら売却する。

③売却手取り資金は投資資金に回し、またフルローンで同じ団地を買う……という作業を繰り返していくと家に住んでいながらかなりの資産形成ができるはずです。

ポイントは、

- 購入で7％程度、売却で4％程度のコストがかかるのでそれ以上の利益が必要。
- 融資条件が非常にいい。
- 税制優遇がある（ローン減税・居住用資産の3000万円までの譲渡益は非課税など）。
- 流動性が高く、値下がりしにくいものを選ぶ（自分の最初のマイホームは、1万5000人の住む大団地で賃貸2：分譲1の割合。そこで生活圏と市場が完結しているので経年による需給の変化がないという特徴があります。好立地の小規模なファミリータイプ区分や更地価格の古い戸建てなんかもいいでしょう（ただし、戸建ての場合は区分より改修費用がかかりますから、売値に対しての費用が過分にならないか注意してください）。

こういった投資（？）を、普通のアパマン投資と並行して進められるというのが「投資としての自宅取得」という選択肢のよいところだと思います。

賃貸併用住宅の選択肢

住宅建築を検討する場合、自宅の一部を貸付けて家賃収入を得ればローン返済に充てられるという発想を得ることがあるかもしれません。

あるいは、ローンを組まずに建築する場合は経費を差し引いた収入をそのまま生活費に充当することができますので、定年後の年金収入を補完する意味合いとして考えた場合も魅力的なのではないでしょうか。

もちろん、より若い年齢の皆さんが来たるべき老後に備えて、定年までにローン完済し、その状態にしておくということも考えられます。また、建物全体の2分の1（一部金融機関では3分の1）以上を自宅使用ということであれば、アパートローンではなく、金利・返済年数などの条件でより有利な住宅ローンを利用できる点も賃貸併用住宅の魅力の一つといえるかもしれません。

例えば、延べ床面積２００㎡（約60坪）の建築を行い、そのうち２分の１にあたる１００㎡（約30坪）を自宅として利用、残りの２分の１を各20㎡（約６坪）のワンルームとした場合の計算をしてみましょう（図１参照）。

前提条件は、

- 建築費の坪単価……自宅部分70万円、ワンルーム部分80万円。
- 建築に付帯する工事費と諸経費３００万円（自宅部分１００万円＋ワンルーム部分２００万円）。
- 賃料単価……坪１万円。
- 賃貸運営に関わる経費等……空室率５％・管理手数料入居中の物件の家賃の５％・固定資産税及び都市計画税は建築費の５割を評価額としてその１・７％（土地部分については自宅敷地でもありますので、ここでは計算に入れないこととします）・共用部光熱費月１０００円。このケースで計算すると、想定家賃３６０万円に対して、空室損18万円・管理手数料17万１０００円・固定資産税20万４０００円・共用部光熱費１万２０００円。合計56万７０００円。
- 自己資金……建築費の１割と付帯工事費・諸経費
- 融資条件……元利均等払い・年利１・８％・30年返済
- 建築費総額は、自宅部分30坪×70万円＋賃貸部分30坪×80万円＋３００万円＝４８００万円。
- 自己資金は、４８００万円×１割＝４８０万円と付帯工事費・諸経費３００万円の合計７８０万円。

・借入れは、4800万円－頭金480万円＝4320万円。
・返済は、毎月15万5390円（年間186万4677円）。
※返済額の計算については、ネットで「ローン計算」と検索すると様々なシミュレーションソフトを無料で使うことができます。また、エクセルの関数（fx）で「PMT」を選択し、「利率」に0・0015（年利1・8％＝0・018の12分の1。つまり月利）、「期間」に360（30年×12か月）、「現在価値」に4320万、「将来価値」にゼロ（30年経過したのちは残債がゼロになるという意味）、「支払期日」にゼロ（ローン支払いは期末払いなので）と入力すると月々の返済額を計算することができますので、ご自身で計算フォームを作られてもよいと思います。
・年間の想定家賃360万円から運営に関する経費等56万7000円を差し引くと303万3000円、ここから先ほど計算した年間ローン返済額186万4677円をさらに差し引くと116万8323円。自宅部分のローン返済もここには含まれていますから、ローン返済負担が無いうえ、月額9万7360円の収入が家計にもたらされるということになります。
ローン返済が終了すると、その後は返済相当額がなくなりますので、家計収入にプラスされる金額は303万3000円（月額25万2750円）となりますので、賃料低下や修繕費負担を織り込んだとしても、そこそこの収入が確保できると考えられます。

もしも月額9万7360円返済額をアップして（つまり余剰収入を受け取らないということ）返済

年数を短くした場合、およそ16年半で完済することができますので、さらに堅実な計画になるでしょう。

図１

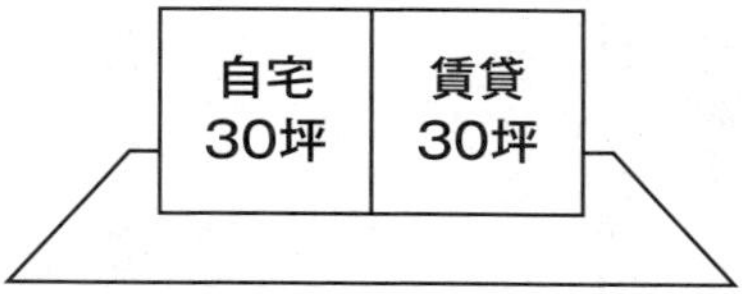

	建築費	4,800万円
＋	経費	300万円
	総額	5,100万円
	自己資金	780万円
	ローン借入	4,320万円
	年間家賃収入	360万円
－	運営費	56.7万円
	NOI	303.3万円
－	ローン返済	186.5万円
	手取収入	116.8万円

…住宅ローン負担ナシ！のうえ、さらに毎月9.7万円の収入

- ローン完済後は毎月約25万円の収入
- 手取収入なしでかまわなければ、16年間で返済終了

ちなみに、賃貸併用とせず30坪の自宅部分のみ建築した場合で同額の自己資金を７８０万円を入れた場合のケースにおいてのローン返済負担を計算すると……（図２参照）。

自宅部分70万円×30坪＝２１００万円、建築に付帯する工事費と諸経費１００万円として合計２２００万円。借入れは１４２０万円。年利１・８％・30年返済で毎月５万１０７７円。

つまり、先ほどの計算で考えると、（30年返済の場合）家計へのインパクトは９万７３６０円＋

5万1077円＝14万8437円相当であるといえます。

この計算結果は、貸せる賃料や空室率によってまた変わります。比較的狭い単身者向け間取りでも貸せるのか、比較的広いファミリータイプでないと貸せないのかということによっても左右されます。例えば、賃料単価を坪5000円、空室率を10％とした場合、同様の計算をしてみましょう（図3参照）。

• 年間の想定家賃は先ほどの想定の半分ですから180万円。運営に関する経費等は空室損18万円・管理手数料8万1000円・固定資産税20万4000円・共用部光熱費1万2000円。合計47万7000円。

これらを差し引くと手取りは132万3000円（月額11万250円）、ここから先ほど計算した年間ローン返済額186万4677円（月額15万5389円）をさらに差し引くと年間54万1677円（月額4万5139円）が自己負担ということになります。

自宅のみ建てた場合のローン返済負担、年間61万2924円（月額5万1077円）よりは負担が減りますが、先ほどの例よりは見劣りするのは致し方ありません。

こちらもローン返済が終了すると、その後は返済相当額がなくなりますので、家計収入にプラスされる金額は１３２万３０００円（月額11万２５０円）、賃料低下や修繕費負担を織り込んだとしても、少なからず収入が確保できると考えられます。

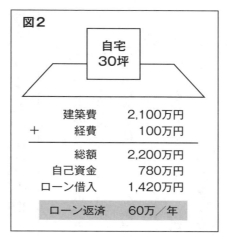

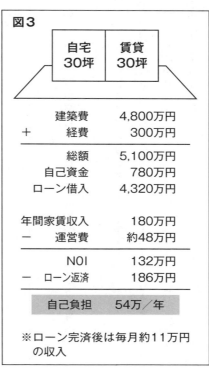

つまり、賃貸併用住宅という選択肢の有効性は賃貸市場によって変わるということです。

図2

	建築費	2,100万円
＋	経費	100万円
	総額	2,200万円
	自己資金	780万円
	ローン借入	1,420万円
	ローン返済	60万／年

図3

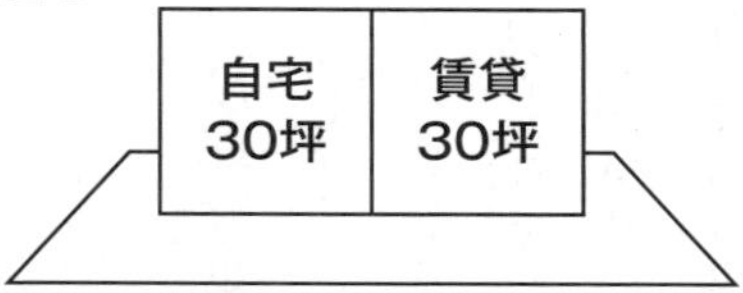

	建築費	4,800万円
＋	経費	300万円
	総額	5,100万円
	自己資金	780万円
	ローン借入	4,320万円
	年間家賃収入	180万円
−	運営費	約48万円
	N0I	132万円
−	ローン返済	186万円
	自己負担	54万／年

※ローン完済後は毎月約11万円の収入

また、マイホームと隣接して賃貸住宅の入居者がいるということを不満に感じたりストレスに思うということであれば、それは得られる収入と比較して許容するのかしないのかといった判断も必要になりますし、その延長線上には投資効率の良い単身者向けでも十分に運用できる立地であっても、あえてファミリータイプで計画するとか、テラスハウス形式にしてより独立性を持たせるといったことが考えられるわけです。

アパマン建築の選択肢

このような計算を進めていくと、どうやら自宅部分を減らして賃貸部分を増やしたほうが効率がよさそうだという結論になる場合が往々にしてあります。

そしてその最終形は、自宅部分がゼロですべて賃貸住宅ということになります。

この場合、ほかのどのローンに比べても有利な住宅ローンを使うことができなくなります。また、そもそも自分が住むところを新たに買い求めるか借りるかということになりますが、それを踏まえたうえでも優れた投資判断になるケースが少なくありません。

先ほどの事例で検証してみましょう。

前提条件は

・延べ床面積200㎡（約60坪）をすべてワンルームの賃貸住宅に（10戸）。

- 建築費の坪単価……ワンルーム部分80万円。
- 建築に付帯する工事費と諸経費２００万円。
- 賃料単価……坪１万円。
- 賃貸運営に関わる経費等……空室率５％・管理手数料入居中の物件の家賃の５％・固定資産税及び都市計画税は建築費の５割を評価額としてその１・７％・共用部光熱費月２０００円。

賃貸併用住宅の場合は土地の固定資産税は自宅敷地ということで計算に入れていませんでしたが、アパートとなるとこれも含めて計算する必要があります。

ここでは、土地面積・固定資産税評価額などの設定が難しいので触れませんが、賃貸住宅も含めた住宅敷地については敷地面積２００㎡までは固定資産税は６分の１に、都市計画税は３分の１に評価を減ずる特例がありますので、意外とびっくりするような金額にはならない場合が多いということだけ述べておきます。

このシミュレーションをするときにはお手元の固定資産税納付書を確認して経費に加えるようにしてください。

このケースで計算すると、想定家賃７２０万円に対して、空室損36万円・管理手数料34万２０００円・固定資産税40万８０００円・共用部光熱費２万４０００円。合計１１３万４０００円ということになります（図４参照）。

・自己資金……先ほどの例と比較するため、同額の７８０万円とします。
・融資条件……元利均等払い・年利２・８％（住宅ローンよりも金利が高くなることが多いです）・30年返済。
・建築費総額は、賃貸部分60坪×80万円＋２００万円＝５０００万円。
・借入れは、５０００万円－自己資金７８０万円＝４２２０万円。
・返済は、毎月17万３３９７円（年間２０８万７７６９円）。
・年間の想定家賃７２０万円から運営に関する経費等１１３万４０００円を差し引くと６０６万

図4

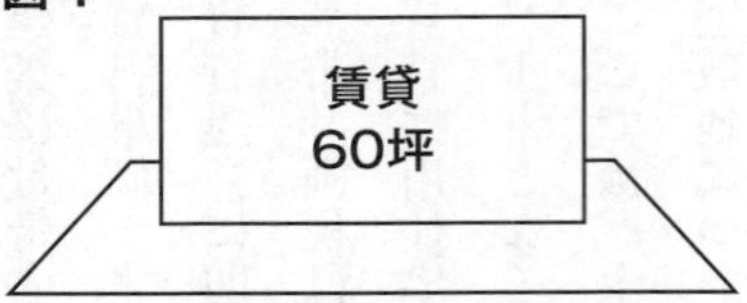

	建築費	4,800万円
＋	経費	200万円
	総額	5,000万円
	自己資金	780万円
	ローン借入	4,220万円
	年間家賃収入	720万円
ー	運営費	113万円
	NOI	607万円
ー	ローン返済	208万円
	手取収入	399万円

…毎月約33万円の収入

・ローン完済後は毎月約50.5万円の収入
・手取なしでかまわなければ、11年半で完済

６０００円、ここから先ほど計算した年間ローン返済額年間２０８万７６９円をさらに差し引くと３９８万５２３１円（月額33万２１０２円）。

賃貸併用住宅としての先ほどの計算では年間１１６万８３２０円（月額９万７３６０円）の収入が家計にもたらされるとなっていましたので、新たに購入する自宅部分のローン返済や借りた場合の家賃負担が年間２８０万９９９０円（月額23万４７４２円）以下であれば、手取り収入的にはそのほうが多くなるということです。

仮に、引っ越し先の家賃が坪単価５０００円の30坪であれば月額15万円ということですから、家計にもたらされる収入は年間約２１８万円（月額約18万円）ということになります。

そして、同様にローン返済が終了すると、その後は返済相当額がなくなりますので、年間ローン返済額相当の金額がこれに加わり、年間約４２６万円（月額約35万５０００円）ということになります。

この場合も、より早くローンを返し終わりたいということで、自宅として支払う家賃15万円相当額以外の収入は無くてもよいという計算をすると、６０６万６０００円－家賃１８０万円＝年間ローン返済４２６万６０００円（月額35万５５００円）となりますので、およそ11年半程度で完済することができます。

ここでも、市場性や賃料単価、維持に関するコストなどを踏まえて検討をする必要があるのはいうまでもありません。

また、賃料収入には所得税・住民税なども賦課されますので、最終的な判断は税引き後の収入で行うことになります。

ちなみに、この（30年返済の）ケースでは、

- 減価償却（木造、本体・設備とも定額法採用の場合）年間227万円。
- 金利相当117万円（初年度、元利均等払いで設定していますので、2年目以降は114万円、111万円と逓減していきます）。
- 青色申告特別控除65万円（5棟ないし10室以上で、適切な会計処理をした場合）。
- 専従者給与（同居家族に業務の手伝いをしてもらった場合の報酬）105万円。

とすると、これらの合計514万円を空室損と運営に関する経費等を差し引いた実質的な収入606万6000円から差し引いた92万6000円が課税所得となり、これに対して税金がかかるということになります。

他の収入が無かった場合、所得税で5％、住民税で10％（平成26年現在）、つまり年間13万8900円（月平均にすると1万1575円）の税金がかかるという計算です。意外と税負担が軽いと感じる方が多いのではないでしょうか。

不動産による収入は減価償却や金利、青色申告控除など、比較的節税しやすいということも特徴の一つともいえるでしょう。

ここでの話を整理すると、家賃収入720万円から空室と運営に関する経費を引くと

６０６万６０００円が残り、そこからローン返済２０８万７６９円を支払うと３９８万５２３１円が手元に残り、さらにそこから税金を13万８９００円払うと、最終的に３８４万６３３１円（月額32万５３７円）残るので、その中から自分が別に住むところの居住費やその他を賄えるかどうか、そしてそれはそこに住み続けることと比較してどうかという判断をするということです。

買い替え・組み換えの選択肢

こういった投資分析をするとき、正確には、その土地をもしも売却したらいくらの現金になるかということを投資判断に加えます。

なぜかというと、そこに自宅なり収益物件なりを建てるにあたっては、本来は売却することによって得られるであろう現金を、現金として受け取らずにそこに自己資本として投入するという考え方をするからです。

例えば、定年によって他に収入が無く、老後の年金暮らしに不安を抱いている熟年夫婦の老朽化した家が、もしも売却した場合の手取金額が５億円になるのであれば、そこに虎の子の退職金数千万円を投じて家を建て直すよりも、自宅を手離し、1億円のマンションなり分譲住宅なりに買い替えて、残りの4億円を毎年1000万円ずつ40年間取り崩しながら生活するか、あるいは正味で5％程度の収益があがる物件を買って年間2000万円の収入を得るほうがニーズに合っている場合があるということです。

また、同様に、その5億円相当の土地に5000万円のアパートを建てて、年間600万円の収入を得ても、建築費に対しては年間12％の投資にはなるが、土地の価値も含めると年間1％の投資にしかならないという判断をするわけです。

もっとも、親戚の手前、土地を手放すのはまずいとか、思い入れがあってそれはできないといった個々の事情は当然ありますから、合理的な判断が正しいとは限りませんが、少なくともいくつかの選択肢の中からどれかを選ぶというときには知っておかないといけない考え方であるということです。

土地がいくらで売れるかということは、不動産鑑定士に依頼して鑑定評価を行ったり、そこまでしなくても不動産会社に査定してもらったり、近隣の取引事例をネットで調べたりということでおよその金額はわかると思います。

特に目立った特徴が無く、近隣や街区の中でも平均的な敷地であればこういった方法で比較的簡単に価格を調べることができますが、土地の面積が近隣の区画と比較して、過大だったり過少だったりする場合には、取引事例はあまり参考になりません。

特に、個人が買うには広すぎる土地であれば、建売業者が購入対象者になる可能性が高いですから、区画の分割の仕方によって通路や位置指定道路など、どのくらいロスが出るかとか、建売住宅として仕上げた場合の売値から、不動産会社へ払う売却の手数料や取得に関する経費、税金、建築費や造成費の原価、そして適正な利益を確保したうえで土地の仕入価格が決定されます。

マンション用地などの場合も同様に、都市計画や用途地域の制限、全体の建築ボリューム、地盤や基礎に関するコストなどに左右されますし、当然分譲した場合の価格や貸せる賃料によってやはり土地の仕入れ価格が決まります。

道路から高い・低いとか、土地の形状が正方形・長方形ではなく、三角形や台形、旗竿型など変形していると、これも個別の評価が必要です。

こういった作業をするまでもなく、あくまでもおおよその判断がしたいということであれば、単純に全国地価マップや国税庁ＨＰで相続税路線価を調べて、０・８で割り戻すことによって公示価相当の金額を知ることもできます。

調べた売却価格から、手取り金を計算するには経費と税金、ローンの残債があればその金額がいくらかということが必要です。

経費は、

①仲介手数料。２００万円以下は売買価格の５％、２００万円超え４００万円以下の部分は４％、

400万円超えの部分は3％という計算になります。400万円を超える価格の場合は3％＋6万円という簡易計算で上限額が決められています（国交省告示）。これに消費税を加えたものを売却に関して協力してくれる不動産会社に支払います。

②印紙税。売買契約書を締結するときに印紙税法に基づいて収入印紙を貼付します。数千万円の不動産取引であれば1～3万円程度、数億円であっても6～16万円程度の負担です。

③測量費用。敷地の境界を確定させ、面積を確定させるための費用です。測量図があったとしてもそれが古いものであれば、測量技術の進歩によって、いま測り直すとかなりの割合で面積が違ってきます。また、隣接地とのあいだの境界が明確でない場合、復元したり新設したりという作業が必要になります。敷地の面積や難易度にもよりますが、数十万円から数百万円の予算を立てる必要があります。

④解体費用。現状引渡しでの土地取引であれば、そもそもの価格に反映される場合がほとんどですが、古い建物を解体して更地渡しにするのであれば、現況建物の坪数に木造であれば3万円程度、鉄骨であればそれ以上の単価を掛けた解体費用がかかります。道が狭くて重機が入らない、高低差があって解体した部材をすんなりとトラックに積み込めないといった場合には、この費用はもっと上がります。不要な家財道具を建物内に残して一緒に処分してもらうといった場合にも、数十万円単位で費用が上乗せされます。もちろん、建物の価値があって十分に利用でき、売買価格に反映され、土地付き建物として取引されるのであれば、解体費用は不要ですし、逆に建物価格を土地価格に加

えることになります。

⑤その他、造成が必要、擁壁の組み直しが必要、井戸や地下構造物の処理が必要といった場合にはやはり契約内容によっては負担して対処するか、土地価格に織り込まれることになります。また、売却に伴う住宅ローンの一括繰上げ返済に伴い、金融機関から返済手数料を請求される場合があります。それは数千円のこともありますし、金融機関によっては残債の１％とか２％とか、かなりの金額になる場合もあります。

仮に、50坪程度の面積で価格は５０００万円の現況渡し、ほかにも特別な状況はないということであれば、仲介手数料・印紙税で１７０万円程度、測量費で30万円程度、合わせて２００万円前後の経費がかかるということです。およそ、売買価格の４％程度ということです。

次に税金の計算です。

不動産を売却した場合の税金は、譲渡所得税と呼ばれますが、売却した金額から売却に伴う経費を差し引き、購入した価格を差し引き、残った部分を譲渡利益として課税する仕組みになっています。

購入した価格は登記事項証明書や権利証には書いてありませんので、売買契約書や領収書で証明することになりますが、それを紛失していたり、相続で引き継いで不明であったりすると一律、売却価格の５％相当額と計算することになります。

例えば、先ほどの５０００万円の例でいけば５０００万円×５％＝２５０万円が取得原価ということです。
このケースの場合、
売却価格5000万円
譲渡経費200万円
取得原価250万円
ですから、譲渡益は4550万円ということです。
譲渡所得税は、売却した年の1月1日現在で保有期間が5年を超えていれば、長期譲渡として20％（所得税15％＋住民税5％）、保有期間が5年に満たなければ39％（所得税30％＋住民税9％）が分離課税として徴収されます（平成26年現在）。長期と短期の見極めは、自分のものになってから「6回正月を迎えたかどうか」と考えるとわかりやすいと思います（相続で取得した場合は、被相続人の保有年数を引き継ぐことができます）。
また、自宅として居住していた建物や敷地の場合であれば、この譲渡利益のうち3000万円については居住用資産特別控除として非課税になります。夫婦で共有していた場合などは、それぞれがこの特別控除を受けることができますので、6000万円について非課税ということになります。
ただし、この特別控除には「居住の用に供しなくなった日以後3年を経過する日の属する年の12月31日までに売却」という決まりがありますので、もしも空き家にしていたり、人に貸したりしていた場合は、引っ越してから4回目の大みそかを迎えていないかどうかを気にする必要があるわけです。

このケースの場合、単独名義で自宅使用、直前まで住んでいて長期譲渡ということであれば、先ほどの計算で出た譲渡益4550万円から3000万円の特別控除を差し引いた1550万円に対して20%の税率、すなわち310万円が支払う税金ということです。

つまり、ローン残債がないのであれば、売却価格5000万円から譲渡経費200万円と譲渡所得税310万円を差し引いた4490万円が売却手取り額であり、この金額がこの土地には自己資本として投資されているということです。

この土地に、自宅を建てるなり、賃貸併用住宅やアパートを建てるなりする場合には、この4990万円と建築資金を合わせたものが投資としてみた場合の総額になりますから、果たしてそれが他の物件に買い替えた場合と比較して合理的な判断になるかどうかということを見るわけです。

土地活用。複数の選択肢から最適解を導き出す方法

相続した実家をどう活用するかといった相談は比較的多い相談の一つでもあります。こういった場

合、何にするのが一番いいのか？　という最適解をどうやって出しているかということを具体的な事例としてご紹介したいと思います。

この相談では現地に行く前にどういう方向性で進んだらよいかというういわば準備段階での相談となっていましたので、手元に資料もなにもない状態でアタリをつけていくしかありません。

グーグルのストリートビューで見ると、長方形で２４０㎡と聞いていた敷地の正面は縁石が20個並んでいますので間口12ｍと想像できます（縁石のサイズは一つ60㎝ですから数をカウントしていけばおよその寸法がわかります。同様に、コンクリートブロックのサイズは幅40㎝・高さ20㎝ですからこういった寸法も知っておいたほうがよいと思います）。

と、いうことは逆算すると奥行きは20ｍということです。写真で見ると、南道路で手前に立派な庭があり、奥のほうに約30坪という古い（築40年）家が建っています。ここまで、わかればいくつかの選択肢を検討するのは容易です。

相続したばかりで、父の想いを考えると売却してしまうのは考えていない……ということですから、そこを使って何をするかということです。

ちなみに、売却すると諸費用、税金などを差し引いても（ローンなどの残債はすでに全額完済していますので、もうありません）４０００万円ほどの手取りにはなります。

場所的には、最寄りの駅から徒歩10分程度の住宅地といった感じですから、考えられる選択肢は……、

1 解体して全体を月極駐車場利用
2 アパート建築（ワンルーム系の間取りはこの地域の市場性をみると厳しそうなので、40㎡程度の1LDKで企画したほうがよさそうです）
3 改修後貸家＋庭先を月極駐車場

……といったところでしょうか。

選択肢1　建物を解体・整地して月極駐車場利用

①間口12ｍということは、車路5ｍを確保すると残り7ｍ。普通車を駐車するには奥行き5ｍは確保しないといけないのですが、これだけあれば十分なスペースをとることができます。また、敷地の奥行き（駐車場としてみれば間口方向になります）20ｍを、1台あたり2・5ｍ（できれば2・7ｍ、ゆったりさせるなら3ｍ取りたいところですが）の間口を取って割り付けた場合、8台が駐車台数の上限とい

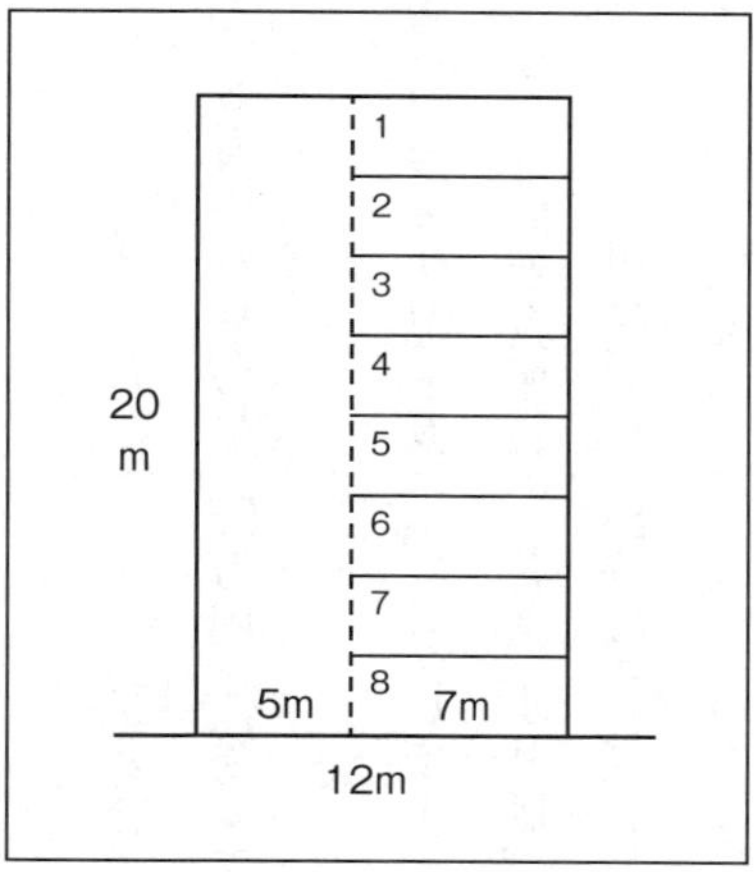

う計算になります。

②ネットで「駅名＋駐車場」と入れれば、相場がわかります。ここの場合、1か月1万円（8台で8万円）がいいところだということがわかりました。年間売上は8万円×12か月＝96万円ということです。

③近隣の駐車場を管理している不動産会社などへのヒアリングから、空き状況を仮に10％とします。土地の固定資産税・都市計画税は、駐車場も含めた「更地」になると固定資産税の6分の1評価、都市計画税の3分の1評価（いずれも住宅敷地で200㎡まで。200㎡を超える部分はそれぞれ3分の1・3分の2評価）の軽減が使えなくなります。計算すると50万円くらいになりそうです。固定資産税評価は、全国地価マップというサイトで簡単に調べることができます。また、駐車場代の収受やクレーム対応といった管理運営を委託した場合の賃貸管理手数料は、契約賃料の5％程度で管理会社が受けてくれます。

④ということは、96万円－10万円（空損）－50万円（固定資産税等）－5万円（管理手数料）＝31万円（年間のNOI：営業純利益）。

⑤更地にするには、解体費用約120万円（坪単価3万円×30坪と整地費用&消費税）、舗装費用で130万円（㎡単価5000円として＋税）※どちらも現場の状況、作業車両の進入・駐車の可否、手作業の必要性、施工面積、アスファルトの厚みや地盤調整など様々な要因によって金額は変わります。

⑥２５０万円の工事費をかけて年間31万円。12・４％の投資といえますが、計算するとキャッシュフローは月額３万円足らずとわずかです。また、本来この土地を売れば手に入るであろう４０００万円の自己資本は計算に入っていませんので、これも入れると31万円÷（土地の売却手取り金相当の４０００万円＋解体整地のコスト２５０万円）＝利回り０・７％ということで、投資効率はいかにも低いということがわかります。

手取り31万円／年間

選択肢２　アパート建築

①用途地域を自治体ホームページで調べると第１種低層住居専用地域で建蔽率50％・容積率１００％。ということは、２４０㎡のこの敷地に建物を建てるとすれば、各階１２０㎡、延べ床面積２４０㎡がボリュームの上限ということになります。

②最初に間口の検討です。敷地間口が12ｍなので、廊下側１・２ｍ・窓側２ｍ（２方向避難規定により）のスペースを確保するとすれば建物の幅は８・８ｍ以下。尺貫法で割り付けるためには１・８２ｍで割ればいいので建物幅の上限は４間半（８・１９ｍ）となります。壁厚や廊下から隣地の離れを考えると60㎝程度の余裕ができますので、街の中心地というわけでもないこの立地であれば逆にこのくらいゆとりのある感じで見ておいたほうがいいでしょう。

③次は奥行きの検討です。敷地の奥行きは20ｍですから、隣地からの離れを50㎝（壁厚・排水升など

を考えると60㎝程度確保しておくと無難です)、道路側に階段部分を1・2m幅で確保と仮定すると、20m－0・6m－1・2m＝18・2m。尺貫法で割り付ければちょうど10間(18・2m)。

④この計算では各階の面積は8・19m×18・2m＝149㎡……となりますが、建蔽率による上限を優先して120㎡が上限ということになります。1LDKタイプでは最低でも40㎡程度の広さが必要ですから各階3戸、全部で6戸、ということがわかります。

⑤家賃相場は、スーモ・ホームズ・アットホームといったポータルサイトで調べたところ、戸あたり10万円は取れそうです。したがって、年間賃料は10万円×6戸×12か月＝720万円。

⑥本体・設備をそれなりのグレードにして、解体・整地・外構工事・引込等々含めると1戸あたり1000万円はかかりそうなので、建築費の合計は6000万円。

⑦年間賃料720万円÷6000万円＝表面利回り12％程度の投資(土地を入れると7・2％)。

⑧空室率5％(平均4年居住、空室期間2か月半でこのくらいの数字になります)、運営費率15％(管理手数料・固定資産税・清掃費・共用部水光熱費などもろもろの運営コストが家賃に対してどのくらいの割合でかかるかという比率)として、720万円×80％＝576万円(NOI：営業純

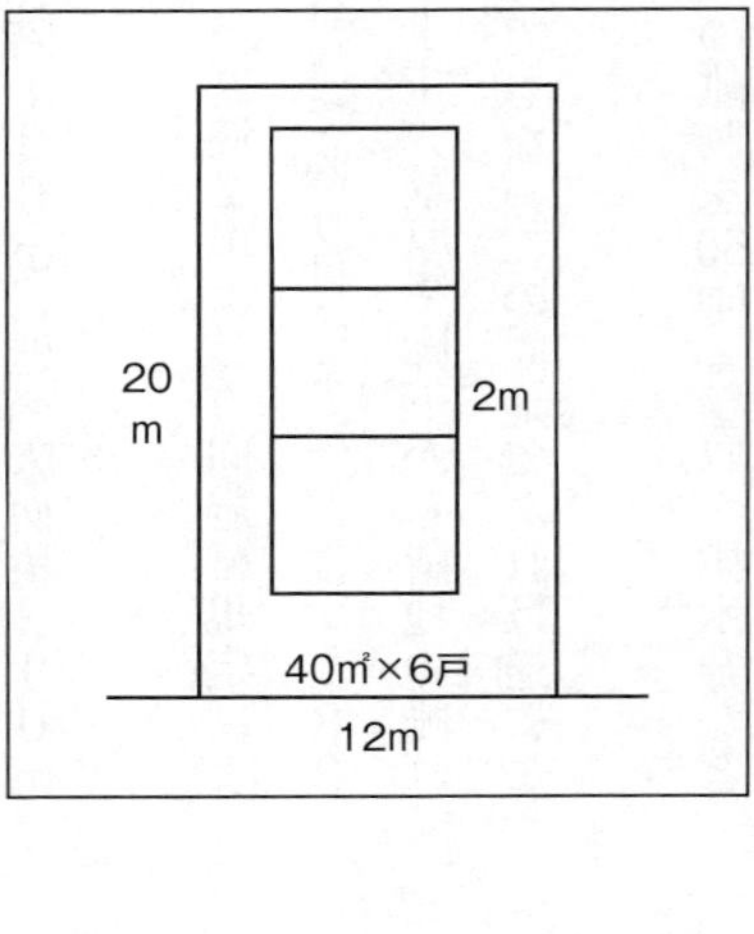

利益）。

⑨建築費6000万円のうち、250万円を自己資金として入れて、残りの5750万円を年利2％の25年で借りた場合、毎月24万3716円、年間約292万円の支払いになりますから、これを差し引いた284万円が所得税や住民税を引かれる前の税引前キャッシュフロー（手取り収入）です。

手取り284万円／年間

選択肢3　改修後貸家＋庭先を月極駐車場

①現況の一軒家30坪を建て替えると2000万円程度、新築に近い全面改修はその半額の1000万円程度であがると思います。ここでは、全面改修＋駐車場の舗装で検討してみます。

②駐車場＋通路として3～4mを改修利用する家のために確保すると、庭先部分に駐車できるスペースは3台分。

③貸家として取れる家賃は調べてみると月額17万円、駐車場は3台で3万円。年間で240万円。

④空室損3％・運営費8％（戸建ては居住期間が長いうえ、共用部管理が不要なので安いのです）とすれば、NOI（営業純利益）は213万円。

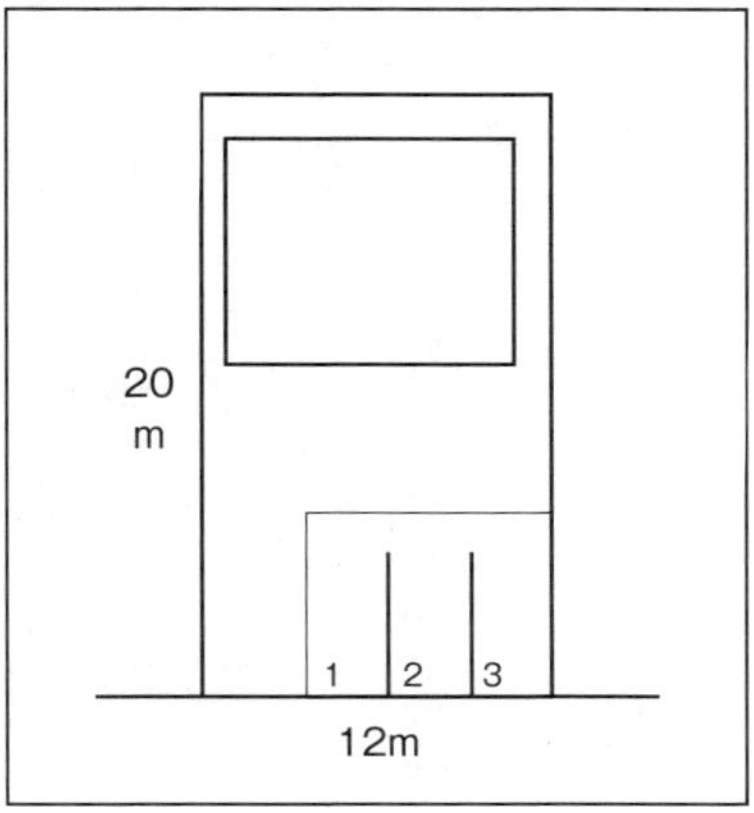

⑤1000万円の改修工事費のうち、250万円を自己資金で支払い、残りの750万円を年利2・5%・10年返済程度の条件で借入れすると、毎月返済7万702円で年間約85万円の返済（リフォームローンは金利が若干高く、返済年数も5～10年と比較的短くなります）。

⑥税引前キャッシュフロー（手取り収入）は213万円－85万円＝128万円。

手取り128万円／年間

どうでしょう、多分、「選択肢2　アパート建築」か「選択肢3　改修後貸家＋庭先を月極駐車場」になると思います。

最大限に土地を活用して、なるべく多くキャッシュフローが欲しいということであれば、ローンを返し終われば600万円近い手取り収入になる「選択肢2　アパート建築」になるでしょう。ローンを多く組むのが嫌だとか、年間128万円のキャッシュフローを繰り上げ返済に回せば4年後には返済が終わってローンなしの213万円と、アパート建築と比べても遜色のないキャッシュフローになるのでそれで十分だなんていうことになれば、「選択肢3　改修後貸家＋庭先を月極駐車場」の選択になると思います。

現状維持を含めた選択肢を数値化して、比較するのが投資判断の基本です。

日々、業務のなかでこういったご相談に随時応じています。個別コンサルティングをご希望の方はCFネッツHPからご予約ください。

http://www.cfnets.co.jp/seminar/consultation/consultation.html

第４編

◆

「けんちくの窓口」®

工法・仕様・デザイン・予算など、調べれば調べるほど迷路に入ってしまいがちなマイホームを始めとした建物の建築。

建築プロデュースを専門に行い、建築会社の選別と紹介をしてくれる業態はここ十数年で確立されてきましたが、あくまでも「建てる場合はどうか？」という大前提に立ったものでした。

本書でも取り上げたように、ライフプランとしての住宅建築、投資としての住宅建築といった視点も交えた建築相談の窓口というものが実はどこにもないというのが、これまでの問題点といえるでしょう。

①ワンストップで
②公平公正な立場で
③様々な切口で
④プロが無料でアドバイスをくれる

「そんな窓口があったらいいのに……」という多くの声にお応えして、作られたのが建築のセカンドオピニオン「けんちくの窓口」Ⓡ。http://www.kenchiku.me/ です。

ここでは、どんなサービスを行っているかということをご紹介したいと思います。

住宅建築を検討しているが情報が少ない……という方に

いろいろな選択肢があるにもかかわらず、ハウスメーカーや工務店主導で進める計画では、本当に満足する住宅建築をする自信がないという方のために「けんちくの窓口」では無数の選択肢のなかから、みなさんにとって最適と考えられるものを選び取りご提案します。もちろん、将来的な支払い負担や家族構成の変化といった人生設計的な要素・要因を含めた包括的なご提案となりますので、建築予算を減らす・増やす・併用住宅にする、あるいは建てるのを見合わせる、時期をずらす……といった選択肢も含まれます。

もしも、建築工事の発注という結論にならなかったとしても、一切費用はかかりません。

住宅建築に関していろいろ調べたが情報が多すぎる……という方に

「失敗してはいけない」と思い情報を集めたが、逆に情報が多過ぎ、今度はどれを選択すれば良いのかわからなくなってしまうという事態に陥っている方に、「けんちくの窓口」では中立的な建築コンサルタントとしての立場から、あなたにとっての最適と思われる選択肢を導き出し、ご提案します。ここでも、同様に「建築工事の発注をしない」という結論になる場合も考えられますが、その場合でも一切費用はかかりません。

この計画、本当に大丈夫なのか？……という方に

プランや予算、工事計画。疑心暗鬼に陥った時、正確なアドバイスを誰かから受けたいが心当たりがないという方に、「けんちくの窓口」では一級建築士・ファイナンシャルプランナーほか さまざま

な視点をもつ「セカンドオピニオン」として利害関係にとらわれない第三者的なアドバイスを「無料で」受けることができます。

「けんちくの窓口」は家を建てるひとの味方です

住宅建築を考えるすべての皆さんのためのシンクタンクとしてブレないために、「けんちくの窓口」はどのハウスメーカーにも属さない中立的な立ち位置を重視します。おそらく人生において最も高価な買い物、建築。失敗や後悔はしたくない！というすべてのみなさんのために「けんちくの窓口」はあります。まずは、お気軽にご相談ください。

また、「けんちくの窓口」は家を建てる人を守るために、

1. ご紹介する建築会社を「厳しく選定」し、
2. すべての新築工事に「住宅完成保証」※1を付保し、
3. 「第三者検査」※2を行います。

そして、これら3つあわせて、すべて無料です。

※1「住宅完成保証」とは、新築住宅を建てるとき、事業者倒産などで工事が中断してしまった場合、完成までをサポートするために国土交通大臣指定住宅瑕疵担保責任保険法人住宅保証機構が行っている制度です。

※２ 「第三者検査」とは設計図書通りに工事が進んでいるか？問題がないか？という部分を第三者の立場で丁寧にチェック、報告する建築工事診断（インスペクション）サービスです。ＩＳＯ９００１を取得した外部の指定検査機関に検査作業を依頼します。

「けんちくの窓口」の仕組み

建物を建てようと思っているみなさんにとっての「けんちくの窓口」

１．ホームページ申込フォーム。http://www.kenchiku.me/ よりご相談の申し込みをしてください（フリーダイヤル０１２０（０５）０４１３での受け付けもしています）

２．測量図・現況図等重要度に応じた必要な書類をご用意いただきます。資料の用意が難しい場合にはヒアリングで予測したり、チラシ等の簡便なものをもとに検討を加えたりすることも可能です。

３．ニーズ・ウォンツを明確にするための質問と回答をＷｅｂ上でやり取りすることにより方向性をお出しします。場合によっては、面談（初回無料）でラフプランの作成を含め打ち合わせることも可能です。

4. 納得のいく方向性が出て、ハウスメーカー・工務店のご紹介を希望される方には、条件に合致した会社を3社程度ご紹介し、お引き合わせします。

5. バトンタッチ後、みなさんとそれぞれのハウスメーカー・工務店との間で打合せが行われ、絞り込みがなされ、そのうえでいずれかの会社との間で建築請負契約が成立した時点で、「住宅完成保証」と「第三者検査」のサービスを無償でお付けします。

6. ご紹介したハウスメーカー・建築会社との間で契約が結ばれなかった場合でも、費用は一切かかりません。

7. ご紹介したハウスメーカー・建築会社と建築請負契約が結ばれた場合、「けんちくの窓口は」建築工事を受注した会社から工事費の3～5％をいただきます。これが、「けんちくの窓口」の運営費用となりますが、受注する会社にとっては通常の広告費・営業費に代わるものとなりますので、これによって工事費が割高になることはありません。

建築工事を請け負うみなさんにとっての「けんちくの窓口」

1. 「けんちくの窓口」は完全成功報酬型の事業です。受注時にはじめて営業代行料として定率の費用をいただくのみで、別途広告料・入札料などをいただくことはありません。

2. 営業代行料は、作業量に応じ契約工事金額の3～5％（税別）と格安です。自社で広告宣伝費・営業活動費を負担する場合よりも経費を大幅に削減することが可能です。

3. お客様サービスの一環として、すべての新築工事に「住宅完成保証」と「第三者検査」のサービスを無償でお付けします。これらの費用は「けんちくの窓口」が負担しますので工事を行う建築会社には追加費用は一切生じません。（ただし、住宅保証制度への参加金を支払い、制度登録を行っていることを前提条件とします）

4. 住宅を建築する必要があるかないか？といった部分にまで踏み込んだ検討を重ね、建築コストや工法、規模などまで絞り込まれたお客様をご紹介します。見込みの立たない案件のために、多くの時間を割くことなく効率的な営業活動が行えます。

5. 複数の会社をお客様にはご紹介しますので、みなさんの会社が選ばれるかどうかはお約束できません。お客様にとって魅力的な、価値ある企業であるということを理解していただけるかどうかは皆さんの肩にかかっています。逆に、お客様との打合せの中での受注をするかしないかといった判断も皆さんの会社にお任せします。

6. お客様の紹介以外にも営業支援のためのサポートを行います。たとえば、本書でご紹介したコンサル的な切口での取り組みなど、今後の自社の課題と考える皆さんに対し、社内勉強会やセミナーなどのご協力もしています。

「けんちくの窓口」は、建築を依頼する人と、請け負う人との間のフェアな関係の構築を目指しています。

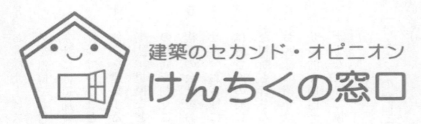

最後に

マイホームは収益用のアパートやマンション建築と違って、個人の好みやニーズを反映させたうえでそれぞれの予算の制約のなかで建てることがほとんどです。

「自宅は負債」という人もいますが、これは計算したうえで果たして負債なのか資産なのかという見立てをすることも可能ですし、かかるコストと得られる満足感や利便性との評価も大きく個人差があるでしょう。

私自身を例にあげれば、終戦直後に建ったような古く小さな家に生まれ、大家族でひしめき合いながら育ちましたので、早く独立して自分の家を持ちたいという夢を子供の頃から持っていました。そこで不動産・建築の世界に飛び込んだようなものですから、人一倍、自宅に対しての価値を強く感じるわけです。

仕事で稼いだお金、あるいは不動産をはじめとする投資で得た現金、キャッシュフローを使って何をするか？　海外旅行を楽しむ人もいれば、高級車を乗り回す人もいます。住まいにお金をつぎ込むことに価値を見出す人もまたいるということです。「普請道楽」という言葉さえあります。

住まいは、明日への気力を生み出す生活の場で、３６５日24時間自分と家族が使えるという意味では他と比べてもコストパフォーマンスのいいお金の使いみちだと思っています。

価値観は人それぞれですから、もちろんそう思わない人がいてもそれも当たり前です。

いずれにしても、自分や家族にとっての優先順位や価値はなにかということを改めて考えることは、人生を生きるうえでとても大切なことですし、「住宅建築」や「住宅購入」を考えるタイミングはそのよい機会であるといえます。

皆さんとご家族にとって最良の選択肢が選ばれ、幸せな暮らしで人生が満たされることをこころからお祈りします。

「こういう話が聞きたかった！」という
家を建てる人の参考書

平成27年1月15日　初版発行

著　者　猪俣　淳
発行者　中野孝仁
発行所　㈱住宅新報社
出版・企画グループ　〒105-0001　東京都港区虎ノ門3-11-15（SVAX TTビル）
（本　社）　電話（03）6403-7806
販売促進グループ　〒105-0001　東京都港区虎ノ門3-11-15（SVAX TTビル）
電話（03）6403-7805

大阪支社　〒541-0046　大阪市中央区平野町1-8-13（平野町八千代ビル）電話（06）6202－8541㈹

印刷・製本／株式会社ディグ　Printed in Japan
落丁本・乱丁本はお取り替えいたします。　ISBN978-4-7892-3714-7 C2030